böhlau

Österreichische Gartengeschichte

Band 3

Herausgegeben von der

Österreichischen Gesellschaft für historische Gärten

Eva Berger

FLACHDACH, DACHTERRASSE, DACHGARTEN

Eine kleine Wiener Geschichte des Wohnens
im Freien „zwischen Himmel und Erde“

Böhlau Verlag Wien Köln Weimar

Dieses Projekt wurde gefördert durch die
Österreichische Gesellschaft für historische Gärten, www.oeghg.at

öghg

Besonderer Dank ergeht an
Gerald Piffl, IMAGNO brandstätter images
Anna Detzlhofer
Werner Sellinger
Österreichische Gesellschaft für Landschaftsarchitektur

In der Reihe „Österreichische Gartengeschichte“ sind bisher erschienen:
Band 1: Historische Gärten und Parks in Österreich
Band 2: »Viel herrlich und schöne Gärten«. 600 Jahre Wiener Gartenkunst

Bibliografische Information der Deutschen Nationalbibliothek:
Die Deutsche Nationalbibliothek verzeichnet diese Publikation in der
Deutschen Nationalbibliografie; detaillierte bibliografische Daten sind
im Internet über https://dnb.de abrufbar.

Coverabbildung: Unbekannter Künstler, Die Familie des Kaisers Franz II./I. auf
dem Dachgarten der Hofburg, um 1796, Gouache, Wien Museum, Inv. Nr. 95.070

Redaktion und Lektorat: Astrid Göttche
Layout: Bettina Waringer
Umschlaggestaltung: Michael Haderer, Wien
Druck und Bindung: Balto print, Vilnius, Litauen
Printed in the EU

Vandenhoeck & Ruprecht Verlage | www.vandenhoeck-ruprecht-verlage.com

ISBN 978-3-205-21281-2

INHALT

VORWORT

Der Klimawandel ist längst eingetreten und wir alle spüren die ständig zunehmenden Folgen: Steigende Temperaturen, verfrühter Beginn der Vegetation, zunehmende Hitzetage und längere Hitzeperioden im Sommer, vermehrte, plötzliche Starkregenereignisse und ausbleibende Niederschläge im Winterhalbjahr sind bereits deutliche Zeichen. Was könnten wir zur Besserung der Situation unternehmen? Was steht in unserer Macht? Was lässt sich leicht verwirklichen?

Die vorliegende Publikation möchte als kleine Geschichte des Dachgartens und der Dachterrasse zum besseren Verständnis für das Dachgrün und dessen historische Entwicklung beitragen sowie Anregung für das eigene Tun und proaktive Handeln bieten. Begrünte Dächer besitzen viele Vorteile: Sie schaffen ein verbessertes Kleinklima durch die Verdunstungskühlung und Beschattung im engen Umfeld, sie unterstützen das Auffangen, Speichern und Filtern von Niederschlägen, schaffen eine Verbesserung der Luft durch Luftschadstoffbindung und Staubpartikelfilterwirkung der Bepflanzung, sie bieten Schutz für die Dachhaut und dadurch erhöhte Lebensdauer des Daches, bieten Kühlung im Sommer und Wärmedämmung im Winter für unterhalb liegende Räume, sie schaffen Lebensraum für Insekten und Vögel in der dicht verbauten und sich weiterhin verdichtenden Stadt, bieten einen gewonnenen Freiraum in unmittelbarem Wohnungsanschluss, eine Verbesserung des Stadtbildes durch „Grünblicke" und nicht zuletzt Freude der Menschen an der Natur, an den Beobachtungen draußen und an den von ihnen gepflegten Pflanzen. Dachgrün fördert die Lebensqualität und ist ein kleiner Beitrag zu erforderlichen Klimaschutzmaßnahmen. Seit 1990 bietet die Stadt Wien Informationen zur Dachbegrünung an und fördert finanziell und beratend Vorhaben im Rahmen des Programmes „Cooles Wien".

Allen Institutionen und Personen, die Hilfe und fachliche Anregungen gaben, möchte ich meinen Dank sagen. Danken möchte ich auch Astrid Göttche, die sich der Redaktion des Bandes kompetent angenommen hat, und Eva Buchberger im Böhlau Verlag, die das Entstehen des Bandes betreut hat. Der Forschungsbereich Landschaftsplanung und Gartenkunst des Instituts für Städtebau, Landschaftsarchitektur und Entwerfen an der Technischen Universität Wien bot die technische Infrastruktur. Danken möchte ich dem Studienassistenten Raimund Amesberger für die Unterstützung bei meinen EDV-Problemen und den Studienassistentinnen Saskia Kluger und Aurora Zordan für ihre Mithilfe beim Kopieren von Unterlagen. Danken möchte ich allen, die durch ihre finanzielle Unterstützung diesen dritten Band der Reihe „Österreichische Gartengeschichte" möglich gemacht haben: Ohne den namhaften Druckkostenzuschuss der Österreichischen Gesellschaft für historische Gärten hätte das Buch nicht erscheinen können!

Widmen möchte ich den Band Gerhard und David in Erinnerung an unsere vielen schönen Stunden im Freien und in Vorfreude auf kommende Stunden!

Eva Berger, Frühjahr 2021

Ein Dachgarten in Wien, 2008

EINLEITUNG

Wien gilt als Gartenstadt. Reich an privaten und öffentlichen Gärten und Parks mit großer Vergangenheit ist sie auch reich an landschaftlichen Schönheiten am Rande der Großstadt. Die inneren, dicht verbauten Bezirke der Stadt weisen im Verhältnis zum verbauten Gebiet jedoch wesentlich weniger Grünflächen auf als die Außenbezirke. Neben der Möglichkeit, die Höfe der Bauten als Freiräume und Grünraume zu nutzen, bieten auch die Dachgeschoßzonen Potential für begrünbare Freiflächen in unmittelbarer Wohnungsnähe. Im vorliegenden Band soll eine kurze Geschichte der Nutzungsmöglichkeiten und der Gestaltungsformen dieses speziellen Teiles der Wiener Gartenkultur „zwischen Himmel und Erde“ (1) geboten werden.

GANZ OBEN: DAS DACHGESCHOSS

Die für Wien spezifische Dachform der mehrgeschoßigen Wohnbauten ist das Satteldach. Die historisch gewachsene Dachlandschaft von Bauten der Frühen Neuzeit bis ins mittlere 19. Jahrhundert wies bis ins 20. Jahrhundert auch noch zahlreiche sogenannte Wiener Gaupen auf. Wie uns eine Vielzahl alter Ansichten und früher Fotoaufnahmen zeigt (2), handelte es sich dabei um Dachgeschoße, die zu Wirtschafts- oder Wohnzwecken genutzt wurden und mit häuschenartig gebauten kleinen, sogenannten „stehenden Fenstern" (Gaupen) versehen waren. Diese Gaupen wurden bei späteren Dacharbeiten, Neueindeckungen und dergleichen meist entfernt und durch einfache, in die schräge Dachhaut gefügte Dachfenster ersetzt.

Vor der Erfindung des Aufzuges waren die mühsam zu erreichenden Wohnungen in den oberen Geschoßen oder im Dachgeschoß meist die billigsten, während die Beletage (Piano nobile) die am besten ausgestatteten und größten Wohnungen enthielt. Außen ist die Beletage ober dem Erdgeschoß und dem Halbstock (Mezzanin) durch eine höhere Raumhöhe und eine reichere Fassadengestaltung hervorgehoben. Sie trägt schon in ihrem Namen die Nutzung durch die „schöne Welt", durch die „gute Gesellschaft" der Wohlhabenden, des Adels, des Großbürgertums und des gehobenen Bürgertums. Ab nachweislich 1859 bis 1930 wurde in jeder Wiener Bauordnung die Benutzung des Dachgeschoßes zu Wohnzwecken ausdrücklich verboten. Ab etwa 1895 wurden in Neubauten Dachgeschoße gern als Ateliers gestaltet (3). Dennoch finden sich Dachgärten bereits lange vor der Einführung von Aufzügen, die in Wien schon ab etwa 1885 bei gutbürgerlichen Wohnbauten zur Anwendung kamen.

AUFSICHT UND AUSSICHT, ANBLICK UND AUSBLICK: ZUR GESCHICHTE VON FLACHDÄCHERN UND DACHGÄRTEN

Die lange und facettenreiche Geschichte von Gärten, die nicht auf gewachsenem Boden angelegt wurden, kann hier nicht ausführlich dargestellt werden. Einige Verweise auf die Tradition, Garten- und Freiflächen oberhalb von Gebäuden zu errichten, seien aber gegeben und aus der Fülle an Flachdächern, Dachterrassen und Dachgärten einige Beispiele ausgewählt (4).

ANTIKE

Seit der Antike zählen die sogenannten Hängenden Gärten der Semiramis (wohl aus dem 6. Jahrhundert vor Chr.) in Babylon oder in Ninive zu den sieben Weltwundern. Antiken Berichten entnehmen wir, dass die gestuften Terrassen am Dach der einzelnen Baugeschoße reich begrünt waren (5). Solche orientalischen Terrassengärten blieben in Persien bestehen und wurden in Griechenland und im antiken Rom als „horti pensiles" (hängende, d. h. auf einem Unterbau ruhende Gärten) angelegt und gepflegt (6). In einem 1575 veröffentlichten Kupferstich bietet Étienne Dupérac, auch bekannt als Stefano Du Pérac, eine Rekonstruktion eines solchen Gartens, indem er die gehölzbestandenen Dachflächen des um 27 v. Chr. erbauten Mausoleums Kaiser Augustus in Rom zeigt (Abb. 1) (7).

MITTELALTER

In Ostrom und im byzantinischen Reich wurde der antike Typus „hängender Garten" tradiert und von dort aus weiter verbreitet (8). Das Beispiel von Mont-Saint-Michel zeigt, wie aus Platznot heraus eine geglückte Lösung gefunden wurde. So erhielt die auf einem Fels inmitten des Meeres angelegte Benedikti-

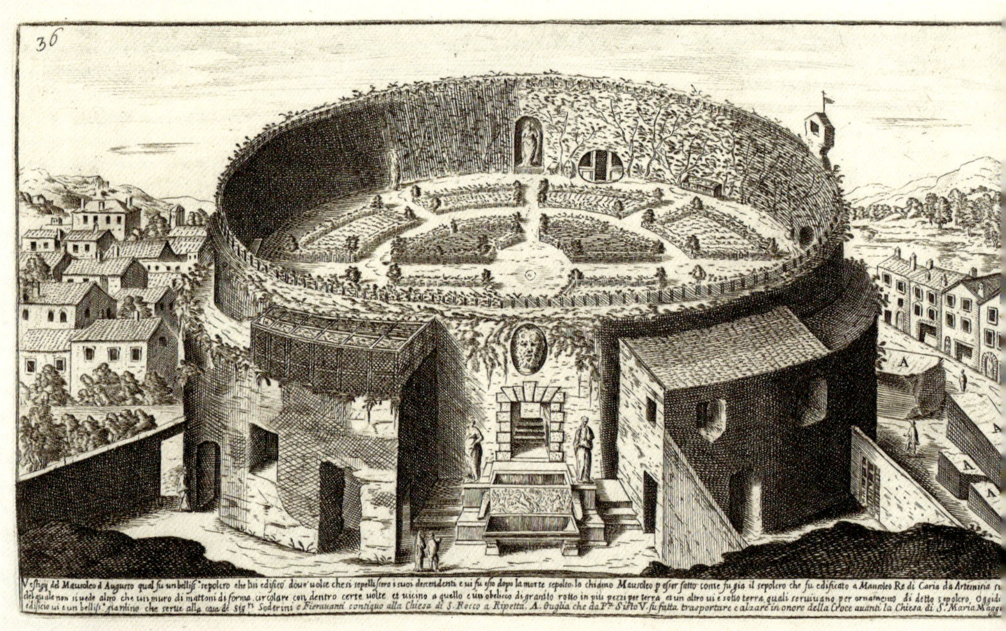

Abb. 1: Stefano Du Pérac, „Vestigy del Mausoleo d'Augusto", um 1575, Kupferstich, in: Stefano Du Pérac, I vestigi dell'antichita di Roma raccolti et ritratti in perspettiva (…), Rom 1575, 36. Tafel

Abb. 2: Oberrheinischer Meister, Paradiesgärtlein, um 1410/1415, Tafelbild, Frankfurt/Main, Städel Museum, Inv. Nr. HM 54

nerabtei im obersten Geschoß der Gesamtanlage oberhalb von zwei Geschoßen des Klosters den 1225 bis 1228 errichteten Kreuzgangbereich (9).

Das von einem namentlich nicht bekannten oberrheinischen Meister um 1410/1415 gemalte kleine Andachtsbild des „Paradiesgärtleins" zeigt die Muttergottes und den kleinen Jesus (Abb. 2). Sie halten sich in einem von einer Zinnenmauer abgeschlossenen Garten auf und sind von weiblichen und männlichen, teils als Heilige gekennzeichneten Personen und einem Engel umgeben. Die Szene spielt sich wohl in einem erhöht gelegenen Garten ab, der eine üppig blühende Blumenwiese, ein mit Blumen und Kräutern bepflanztes Hochbeet, drei Bäumchen, einen Steintisch und ein Wasserbecken besitzt. Hinter der halbhohen, brüstungsartigen Zinnenmauer sind nur mehr der blaue Himmel und eine Baumkrone sichtbar (10).

Kaiser Friedrich III. wiederum ließ 1487 an der Pfalz in Nürnberg hängende Gärten anlegen, wie uns Conrad Celtis überliefert (11). Dachgärten und Dachterrassen boten dabei bereits räumliche und optische Beziehungen zwischen Innenraum, Gebäude und umgebenden Freiräumen wie Gärten und Landschaften.

RENAISSANCE

Unter Cosimo Medici entstand wohl im 2. Viertel des 15. Jahrhunderts der Dachgarten der Villa in Careggi bei Florenz (12). Er wurde 1529 im Zug der Brandlegung der Villa durch Anhänger der Partei der Arrabbiati zerstört.

Als Sonderform ist auf den „giardino pensile" in Gestalt einer Aufschüttung weit oberhalb des Straßen- und Grundstücksniveaus zu verweisen. Ein frühes Beispiel ist das 1459 bis 1462 auf einem Hügelkamm errichtete Palastareal von Papst Pius II. (Eneas Silvio Piccolomini) in Pienza zu nennen. Der auf hohen Substruktionsmauern und Gewölben der Stallungen angelegte quadratische Garten bietet bis heute einen weiten Blick über das Tal der Orcia mit dem Monte Amiata (13).

Um 1474 wurde der giardino pensile des Palazzo Ducale in Urbino fertiggestellt. Er wurde unter Herzog Federico II. Montefeltre angelegt und verband die Wohnräume seiner Frau Battista Sforza mit seinen. Die verbindende Gartenterrasse bot durch fensterartige Öffnungen in der Mauer eine weite Aussicht in die Landschaft des Herzogtums. Dieser Palast erhielt um 1474 insgesamt drei solcher Dachterrassen (14).

Der 1530 fertiggestellte Erweiterungsbau der Villa Imperiale in Pesaro, die Villa Imperiale Nuova, enthält eine reiche vierstufig gestaffelte Abfolge von Höfen, Gärten und Dachterrassen in steiler Hanglage des bewaldeten Colle San Bartolo. Die

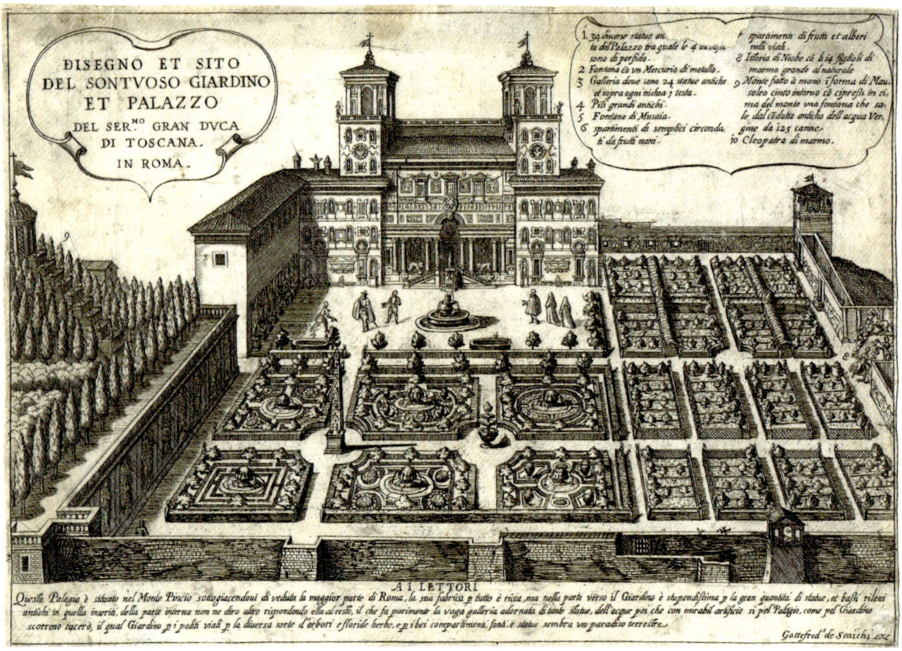

Abb. 3: Domenico Buti, „Disegno et sito del suntuoso giardino et palazzo (…)", 1602, Kupferstich

Anlage bietet Einblicke in die auf unterschiedlichen Ebenen liegenden Gärten und Höfe sowie Ausblicke in das Herrschaftsgebiet des Bauherrn Francesco Maria della Rovere (15).

Die ab etwa 1570 erbaute Villa Medici in Rom auf dem Monte Pincio trägt als Bekrönung des Mittelteiles an drei Seiten, versehen mit zwei Dachpavillons, eine balustradenbegrenzte Dachterrasse, die den Rundblick über den Villengarten und die Stadt gewährt (Abb. 3) (16).

Oberhalb der Loggia dei Lanzi im Stadtzentrum von Florenz wurde ab 1584 die als Fläche noch bestehende, 33 x 13 m große Dachterrasse angelegt. Sie schmückte ein Zierbrunnen mit Skulpturenschmuck, weitere Statuen, eine weinberankte Pergola und eine Loggetta. Kübel- und Topfpflanzen sowie Nutzpflanzenbeete wurden auf dieser Terrasse ebenfalls gepflegt (17). Solche in der italienischen Renaissance bevorzugt erbauten Dächer mit geringem Gefälle samt Terrassen waren beim Bau von Schlössern, Landsitzen, Villen und Palästen sehr beliebt. Wie einige Beispiele belegen, wurden sie bereitwillig auch nördlich der Alpen übernommen (18):

Als ein frühes Beispiel für die Aufnahme italienischer Ideen in das Baukonzept hochgestellter Personen ist der Burgpalast in Ofen (Buda) zu nennen. Hier beauftragte nach 1480 der ungarische König Matthias Corvinus (1443–1490) den aus Florenz stammenden Architekten Chimenti Camicia mit der Anlage sogenannter hängender Gärten (19). Aus den Oculifenstern der die Terrasse umgebenden Mauern konnte man das Umland betrachten. Der humanistisch gebildete Herrscher beschäftigte einen Stab italienischer Künstler zur Um- und Neugestaltung sowie Ausschmückung seiner Residenzen in Ofen und in Visegrád. Auch in Visegrád erfolgten ab 1474 Umplanungen und Neubauten im königlichen Sommerpalast samt der Anlage sogenannter hängender Gärten auf den Terrassen. Die gesamte Anlage wurde jedoch ab 1521 bis 1543 durch die Türken bis auf wenige Reste zerstört (20).

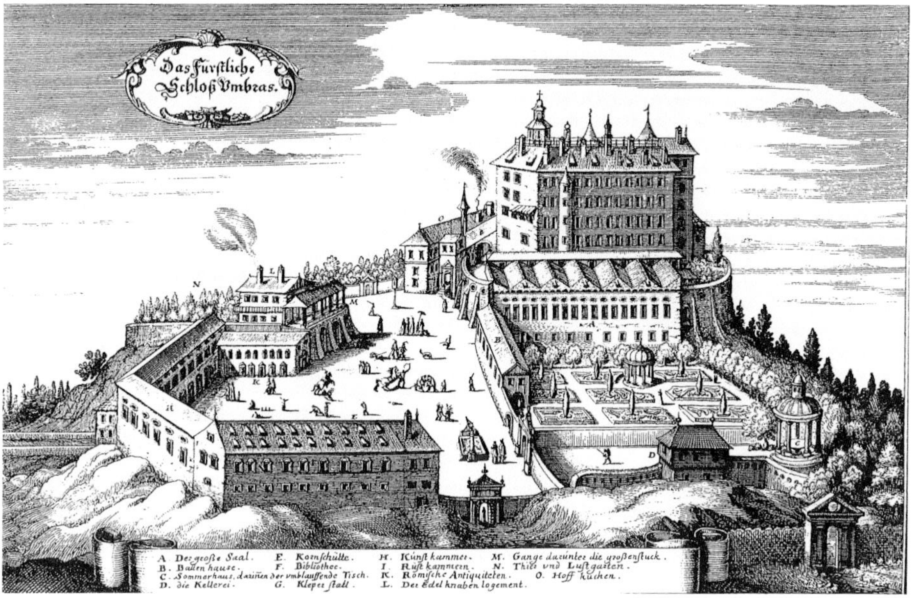

Abb. 4: Matthäus Merian, „Das Fürstliche Schloß Ambras", um 1649, Kupferstich, in: M. Merian, Topographia Provinciarum Austriacarum, Frankfurt/Main 1649, bei S. 142

Im heutigen österreichischen Staatsgebiet ist wohl bei der Wiener Hofburg nachweislich zum ersten Mal die Rede von „schwebenden Gärten": Matthias Corvinus ließ im von ihm eroberten Wien zwischen 1485 und 1490 hängende Gärten an der Hofburg anbringen (21). Bereits unter Kaiser Friedrich III. ist schriftlich im Jahr 1483 die damals anstelle von drei Häusern errichtete Altane genannt, die erstmals auf dem 1547 von Bonifaz Wohlmut gefertigten Stadtplan ausgewiesen ist. Sie lag südöstlich der Alten Burg und bot über die Stadtbefestigung hinaus einen Ausblick in die Vororte Wiens (22).

Im Jahr 1574 werden die „schwebenden Gärten" („hortos pensiles") des Schlosses Ambras bei Innsbruck in Tirol geschildert (Abb. 4). Als Begleiter des Prinzen Karl Friedrich Jülich-Kleve besuchte Stephanus Vinandus Pighius in diesem Jahr das Schloss und die Gärten in Ambras und verfasste einen 1587 veröffentlichten Reisebericht dazu. Bei der Beschreibung der Innenräume des Hochschlosses notierte er: „Dann führte man sie in die Wohnung der fürstlichen Frauen, in die schwebenden Gärten und zu den Vogelbehältern, die mit Netzen von Draht überzogen sind." (23) Erzherzog Ferdinand von Tirol hatte ab 1563 die mittelalterliche Höhenburg als Sommersitz für sich und seine Frau Philippine Welser umbauen und im gesamten Dachbereich des Hochschlosses einen schmalen hölzernen Wandelumgang anbringen lassen, der jedoch unbepflanzt war. Ob mit diesem bis heute bestehenden Gang, der eine weite Aussicht bietet, die „schwebenden Gärten" gemeint sind, ist mangels sonstiger Un-

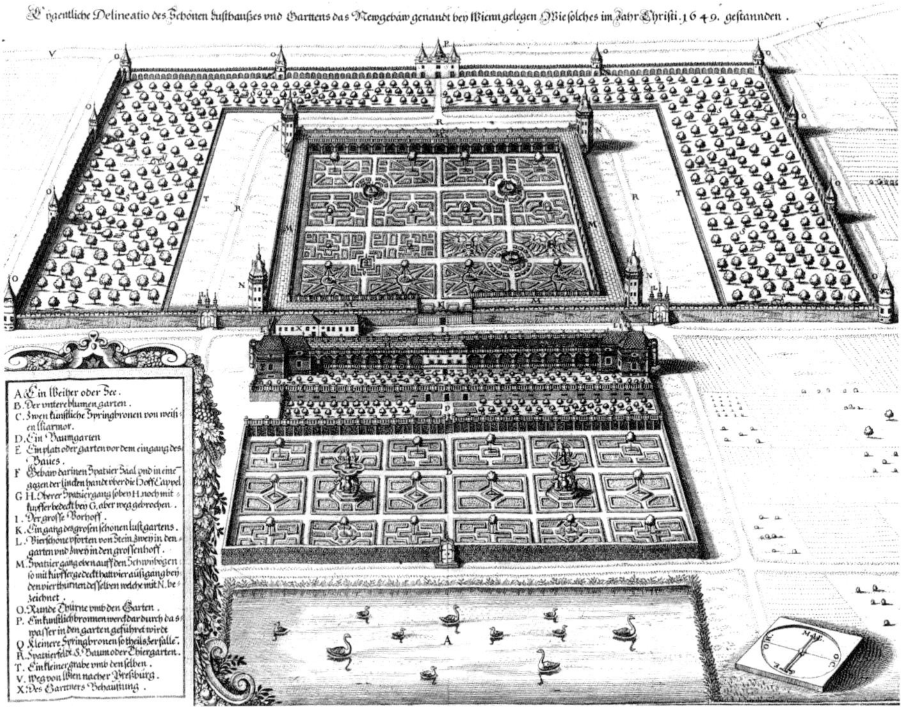

Abb. 5: Matthäus Merian, „Eygentliche Delineatio des Schönen Lusthaußes und Garttens das Neugebäw genandt bey Wienn gelegen Wie solches im Jahr Christi 1649 gestannden", 1649, Kupferstich, in: M. Merian, Topographia Provinciarum Austriacarum, Frankfurt/Main 1649, bei S. 45

terlagen derzeit nicht zu beantworten. Jedenfalls ließ der Bauherr Gartenideen, die er auf seinen Reisen nach Oberitalien in Mantua und Venedig kennengelernt hatte, auf seinen Residenzen in Innsbruck und im Dorf Ambras umsetzen. Im von Matthäus Merian 1649 veröffentlichten Kupferstich des Schlosses sind dieser Wandelumgang sowie an der südöstlichen Ecke des Hochschlosses in Anschluss an die Dachzone des Spanischen Saales auf hoher, gerundeter Substruktion oberhalb des felsigen Baugrundes eine mit Sträuchern und einem Baum begrünte, mauerumschlossene Grünfläche zu sehen. Dieses Terrain blieb bis heute mehrfach verändert bestehen (24).

Ein Blick auf die in der Zeit der Renaissance sehr detailreich angelegten Gärten mit ihren Parterrefeldern war natürlich von erhöhten Standpunkten besonders gut. So war beispielsweise bei der Gesamtanlage des ab etwa 1569 erbauten kaiserlichen „Neugebäudes" bei Wien der Innere Blumengarten mit seinen Beetkompartimenten und Wasserspielen besonders von den vier sogenannten „Spatziergängen" erlebbar. Dabei handelte es sich um flachgedeckte, balustradenbegrenzte Arkadengänge, die zwischen die einstigen vier Türme gespannt waren (Abb. 5). Vom einst flachgedeckten, balustradenbegrenzten Mittelteil des Neugebäudes als monumentales, belvedereartiges Festgebäude lagen dem Betrachter die gesamten Gärten und die damals unregulierten, als kaiserliches Jagdrevier genutzten Donauauen vor Augen, wie sie uns Jacobus Bongarsius im Jahr 1585 schildert (25).

Die erste ausführliche Aufnahme der Stadt Wien im Vogelflug, von Norden aus gesehen, stammt von Jacob Hoefnagel und wurde im Jahr 1609 als Kupferstich veröffentlicht (Abb. 6) (26). In der von steilen Grabendächern und Giebeldächern bestimmten Dachlandschaft lassen sich einige Dachterrassen ausnehmen. So finden sich bei Häusern nordöstlich der Kirche Maria am Gestade zwei rechteckige Terrassen, eine größere und eine kleinere, die einen Strauch oder Baum tragen. Südlich der Kirche steht der Kleine Passauer Hof oder Passauer Renthof (eh. 1. Bezirk, Passauer Platz 2/Schwertgasse 4) mit einem rechteckigen brüstungsbegrenzten Flachdach. Der einstige Pfarrhof und Bischofshof als Sitz des Wiener Bistums (neu erbaut im 2. Viertel des 17. Jahrhunderts, heutiges Erzbischöfliches Palais, 1. Bezirk, Rotenturmstraße 2) nordöstlich des Stephansdoms besaß den zinnenbegrenzten, flachgedeckten Wehrturm, den sogenannten Mesnerturm, sowie zwei weitere zinnenbegrenzte Flachdächer. Zwei zinnenbegrenzte flachgedeckte Türme, ein größerer, quadratischer und ein kleinerer Rundturm, sind auf dieser Vedute im Bereich des Berghofes, einem auf antikrömischen Mauerresten erbauten, aus dem Mittelalter stammenden, wiederholt umgebauten Hauskomplex nordöstlich des Hohen Marktes (1. Bezirk, eh.

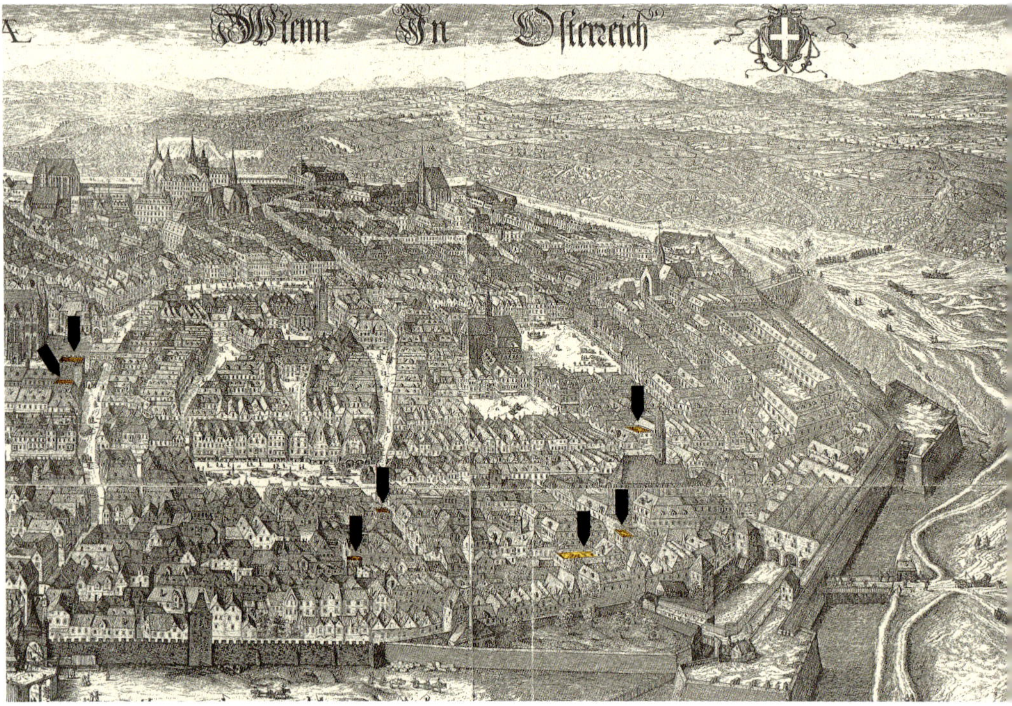

Abb. 6: Jacob Hoefnagel, „Vienna Austriae / Wienn in Österreich" (Ausschnitt), 1609, Kupferstich und Radierung (Druck von 1640)

Berghof) zu sehen. Auf der beeindruckenden Vogelschau der Stadt Wien von Westen, die um 1683, aber vor der Zweiten Wiener Türkenbelagerung, von Folbert van Alten-Allen gefertigt wurde und 1686 als Kupferstich erschien, ist in der Dachlandschaft der Residenzstadt kein Flachdach und keine Dachterrasse mehr auszunehmen (27).

BAROCK

Als frühbarockes Beispiel für die Wertschätzung einer schönen Aussicht sei das aus einer mittelalterlichen Wehrburg zur Stadtresidenz und zum Stammschloss der Familie Esterházy in den Jahren zwischen 1663 und 1672 ausgebaute Schloss in Eisenstadt (Burgenland) genannt (Abb. 7): Die turmartigen Eckrisalite der Vierflügelanlage trugen oberhalb ihrer Dächer einst zwiebeltürmchenbekrönte offene Pavillons. Durch ihre offenen Bogenstellungen sowie die immer noch bestehenden, von Balustraden begrenzten Terrassengänge, hatte man einen weiten Rundblick über die frühbarocken Gärten und die Grundherrschaft der Familie (28).

Abb. 7: Matthias Greischer, „Kismarton Eysenstatt“, um 1685, Kupferstich

Abb. 8: Johann Weichard von Valvasor, „Höhenberg“, um 1688, Kupferstich, in: J. W. von Valvasor, Das Erz-Herzogthum Kärndten, Laibach–Nürnberg 1688, Tafel 76

Das von Johann Weichard Freiherrn von Valvasor 1688 in seinem Ansichtenwerk zu Kärntner Bauten beschriebene Schloss Höhenberg (Höhenbergen, Kärnten) „ist ein überaus schön und trefflich wol accomodirtes Gebäu mit einer Altana auf Italienische Manier. (...) Der Prospect aus den Schloß ist vortrefflich und gleich davor ein Tummelplatz für die Pferde, wie auch ein grosses Mayrhaus, item ein schöner, zierlicher ebener Garten sammt einem grossen umgemauerten Baumgarten."(29) (Abb. 8) Auf zwei Stichen zeigt Valvasor diese Altane als balustradengerahmte Plattform auf einem zweigeschoßigen turmartigen runden Unterbau, der mit einem Arkadengang samt offenem Gang mit dem Schloss verbunden ist. Valvasor bildet in den beiden Stichen auf der Terrasse einige Figuren ab, die in die beschriebene Umgebung des Schlosses blicken. Das Schloss wurde in der ersten Hälfte des 18. Jahrhunderts bis 1756 wohl auf den Grundmauern des einstigen Schlosses neu errichtet, baulich jedoch nie fertiggestellt und blieb so, mittlerweile zur Ruine verkommen, bestehen (30).

Zwar wurde auch in den großen österreichischen Schloss- und Palastbauten des Hochbarock das Flachdach als Zeichen der hoch geschätzten „Italianità" eingesetzt, aus bautechnischen Gründen wurde es jedoch meist bald durch witterungsbeständige Steildächer ersetzt. Gerne wurden hierbei als horizontale Gebäudeabschlüsse Balustraden und Brüstungen gewählt, die von unten gesehen die Dächer einigermaßen verbargen. So sah auch Johann Bernhard Fischer von Erlach zunächst in seinem ersten, um 1688/1690 entstandenen Entwurf für das neue, als „kaiserliches Jagdschloß" geplante Schloss Schönbrunn das auf der Anhöhe des Schönbrunnerberges sich erstreckende Hauptschloss sowie die Nebengebäude ausschließlich flachgedeckt vor (Abb. 9) (31). Sein zweiter Entwurf, nach dem ab 1696 das neue Schloss Schönbrunn zu bauen begonnen wurde, präsentierte das Hauptschloss nun am Fuß des Berges. In den Ausmaßen redimensioniert und deutlich verkleinert, zeigten aber wiederum alle Teile des Hauptschlosses ein Flachdach; auch sämtliche Nebenbauten waren flachgedeckt projektiert (32). Im Hintergrund eines Gemäldes von Johann Georg Hamilton aus dem Jahr 1732 ist das fertiggestellte Schloss mit seinem weite Aussicht bietenden Flachdach zu sehen (33). Allerdings ließ Kaiser Karl VI. dieses 1735 bereits stark schadhafte Flachdach wohl durch Joseph Emanuel Fischer von Erlach und den Baumeister Anton Martinelli 1737 durch Steildächer ersetzen, wie es uns der 1744 veröffentlichte Kupferstich überliefert (Abb. 10) (34). Steildächer wurden auch nach den umfangreichen Umbauten und der Aufstockung des Schlosses durch Nikolaus Pacassi ab 1743/1744 bis vor 1760 unter Maria Theresia errichtet (35). Lediglich die 1775 nach Plänen von Johann Ferdinand Hetzendorf von Hohenberg auf der Anhöhe des Schönbrunnerberges in der Hauptachse der Gesamtanlage als monumentales Gartengebäude errichtete, im 18. Jahrhundert als „Colonnade" bezeichnete Gloriette erhielt eine balustraden- und mauer-

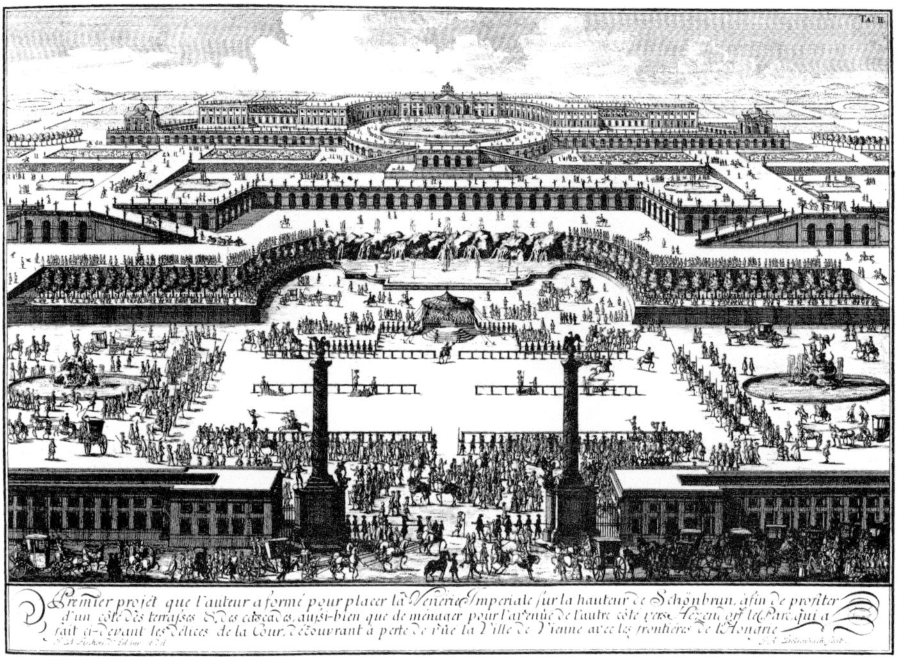

begrenzte Dachterrasse. Von ihr aus hatte man einen weiten Blick über die Gärten und Waldbereiche des kaiserlichen Sommerschlosses, die Alleen in die Umgebung, die Wienerwaldlandschaft und die nordöstlich liegende Residenzstadt (36).

Abb. 9: Johann Bernhard Fischer von Erlach inv. et del., Johann Adam Delsenbach sc., „Premier projet que l'auteur á formé pour placer la Venérie Imperiale sur la hauteur de Schönbrun", um 1688/1690, Kupferstich, in: J. B. Fischer von Erlach, Entwurff Einer Historischen Architectur (…), Wien 1721, Tafel 104 (4. Buch, Tafel 2)

Einige der hochbarocken Wiener Gartenpaläste erhielten Flachdächer, bevorzugt im Corps-de-logis-Bereich. Beispiele hierfür sind etwa das Gartenpalais Schwarzenberg (Mittelrisalit; 3. Bezirk, Rennweg 2, erhalten), das Gartenpalais Althan (Mittelrisalit und die drei seitlichen Flügel; eh. 9. Bezirk, Julius-Tandler-Platz, nicht erhalten), das Schlösschen Strattmann (in allen seinen Teilen; 17. Bezirk, Waldegghofgasse 5; Flachdach durch ein Mansarddach ersetzt), das Gartenpalais Starhemberg (Mittelrisalit; 4. Bezirk, Rainergasse 11, erhalten), das Gartenpalais Engelskirchen (auch Engelskirchner genannt, Mittelrisalit; eh. 4. Bezirk, Schönburgstraße 1, nicht erhalten), das Gartenpalais Eckhardt (in allen seinen Bauteilen; eh. 8. Bezirk, Laudongasse/Alser Straße, nicht erhalten), das Gartenpalais Hockge (Mittelrisalit; eh. 8. Bezirk, Josefstädter Straße, nicht erhalten), das Gartenpalais Kaunitz nach seinem spät-

Abb. 10: Johann Georg Jungmann del., Thomas Bohacz sc., Schloß Schönbrunn, um 1744, Kupferstich, in: Anton Gropper, Tempe Regia Mariae Theresiae Augustae, Wien 1744, o. S. (vor dem Titelblatt)

barocken Umbau ab 1755 (Abb. 11, Mittelrisalit; eh. 6. Bezirk, Amerlingstraße, nicht erhalten). Ebenso trugen einige der Neben-, Staffage- und Gartengebäude der Sommerpaläste Gartenterrassen, wie das Lustgebäude des Gartenpalais Liechtenstein (eh. 9. Bezirk, Alserbachstraße 14–16, als Abschluss des Gartens gegen Norden, nicht erhalten), die beiden eingeschoßigen Nebengebäude im Ehrenhof dieses Gartenpalais (9. Bezirk, Fürstengasse 1, erhalten), das Lustgebäude des Gartenpalais Starhemberg (eh. 4. Bezirk, Rainergasse 11, als Abschluss des Gartens im Süden, nicht erhalten), das Orangeriegebäude des Palais Trautson (eh. 7. Bezirk, Museumstraße 7, als nordwestlicher Abschluss des Gartens, nicht erhalten). Wurden Steildächer verwendet, dann erfolgte das Verbergen dieser Dachform bevorzugt durch die Anbringung von Mauerbrüstungen und Balustraden wie etwa am Mittelrisalit des Palais Schönborn (8. Bezirk, Laudongasse 15–19) (37).

Auch Stadtpaläste waren bisweilen flachgedeckt, wie einst wohl der Mittelrisalit des Palais Dietrichstein-Lobkowitz (1. Bezirk, Lobkowitzplatz 1) (38). Heute bedeckt ein sehr flaches Pultdach diese Zone.

Die Nutzung solcher Dachterrassen ist uns durch einen Kupferstich der sogenannten „Mehlgrube" überliefert. Dabei handelte es sich um einen palaisartigen, von der Stadt Wien 1697/1698 bis etwa 1703 errichteten Bau, der zu Festen und Feiern vermietet wurde (eh. 1. Bezirk, Neuer Markt 5/Kärntner Straße 22, nicht erhalten). Wie ein Stich von 1719 veranschaulicht, zeigen sich in den Fenstern des zu Festivitäten genutzten Baues Gäste und Musiker. Auf der Dachterrasse halten sich ebenfalls Gäste auf, ein Diener serviert einer Gruppe Getränke (Abb. 12) (39). Der Titelkupferstich dieses Werkes „Anfang Einiger Vorstellungen der Vornehmsten Gebäude (...)" von Joseph Emanuel Fischer von Erlach und Johann Adam Delsenbach verweist auf die nach der im Jahr 1683 überstandenen Zweiten Türkenbelagerung fast vollständig neu errichteten Vorstädte rund um die kaiserliche Residenzstadt (Abb. 13). Einige der dargestellten Gartenpaläste sind flachgedeckt und bieten von den überhöhten Mittelrisaliten mit ihren Dachterrassen weite Sicht über die Vorstädte und die Befestigungen bis zum Sitz des Kaiserhauses. Erkennbar sind das Gartenpalais Hockge am rechten Rand dieser Stadtvedute sowie wohl das Gartenpalais Mansfeld-Fondi-Schwarzenberg im rechten Mittelgrund – beide mit Dachterrassen auf den Corps-de-logis-Zonen versehen (40). In seinem 1721 in Wien erschienenen Kupferstichwerk „Entwurff Einer Historischen Architectur" stellt Johann Bern-

Abb. 11: Bernardo Bellotto, Ansicht des Palais Kaunitz, um 1760, Ölgemälde, Budapest, Szépművészeti Muzeum, Inv. Nr. 52 207

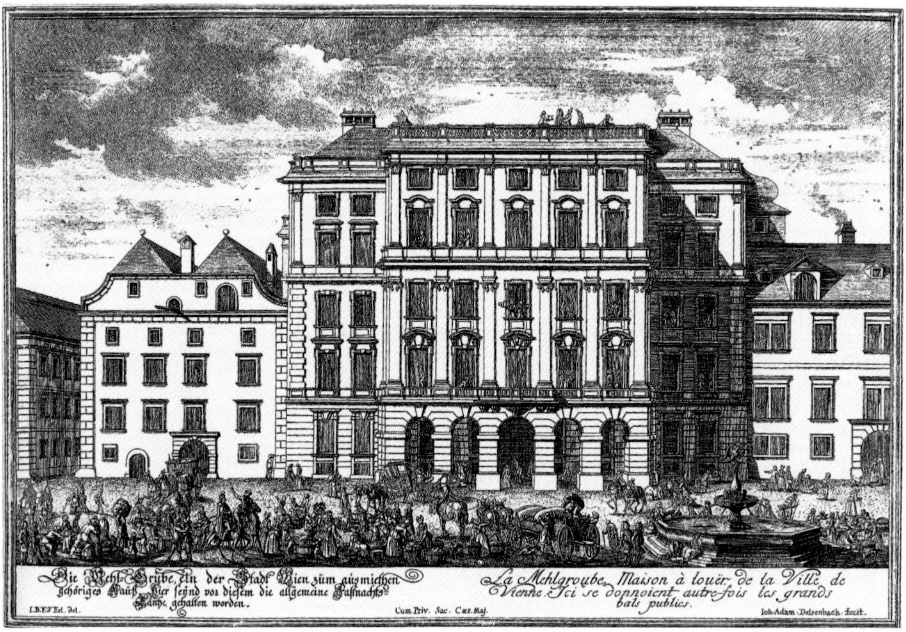

Abb. 12: Johann Bernhard Fischer von Erlach del., Johann Adam Delsenbach fec., „Die Mehl-Grube, ein der Stadt Wien zum aus miethen gehöriges Hauß (…), um 1715, Kupferstich, in: Joseph Emanuel Fischer von Erlach, J. A. Delsenbach, Anfang Einiger Vorstellungen der Vornehmsten Gebäude (…) von Wien (…), Wien o. J. (1715), Tafel 6

hard Fischer von Erlach im vierten Teil, betitelt „Viertes Buch, einige Gebäude von des Autoris Erfindung und Zeichnung“, sowie im fünften Teil, „Divers Vases Antiques (…) avec Quelques uns de l'nvention de l'Auteur“, einige realisierte und einige nicht verwirklichte, meist flachgedeckte „Lust-Gartten-Gebäu“ vor (41).

Bisweilen werden umfangreiche Terrassen auf Baukörpern von Landschlössern errichtet. Unter Johann Max Graf von Herberstein (verstorben 1680) etwa wurde Schloss Herberstein (Steiermark) um den Florentinerhof als zweigeschoßiger, vierflügeliger Arkadenhof erweitert, der als oberen Abschluss an allen vier Seiten einen breiten, balustraden- und mauerumfassten Terrassengang erhielt (Abb. 14, heute immer noch erhalten) (42).

Das hochbarocke Schloss in Aurolzmünster (Oberösterreich, 1691 bis 1711 erbaut) besaß einst zwei niedrige Flügel mit je einem quadratischen, mit einem Wasserspiel mittig versehenen Gartenparterre sowie Balustraden mit Figuren und Kübelpflanzen. Die beiden flankierenden Seitenbauten des Schlosses wurden von je einer balustradenbegrenzten kleinen Dachterrasse mit Ziervasen bekrönt (Abb. 15) (43).

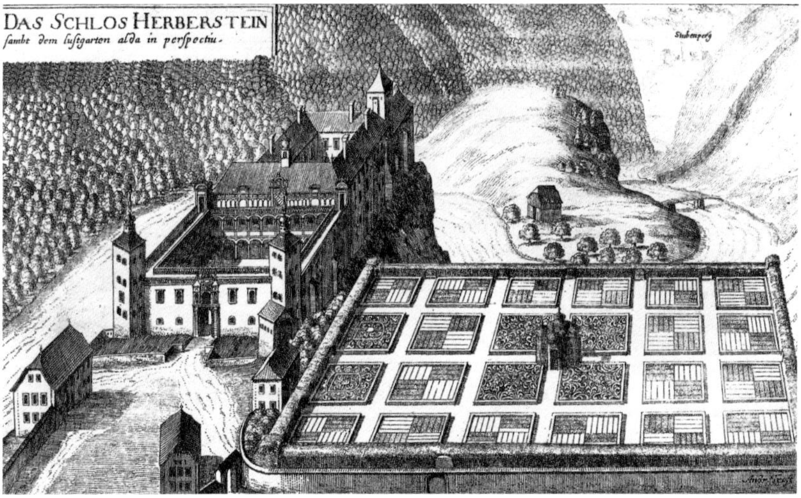

Abb. 13: Joseph Emanuel Fischer von Erlach del., Johann Adam Delsenbach sc., „Prospecte und Abriße einiger Gebäude von Wien" [...], um 1715, Titelkupferstich, in: J. E. Fischer von Erlach, J. A. Delsenbach, Anfang Einger Vorstellungen der Vornehmsten Gebäude [...] von Wien [...], Wien o. J. [1715], Titelblatt

Abb. 14: Georg Matthäus Vischer, „Das Schlos Herberstein sambt dem lustgarten alda in perspectiv", um 1681, Kupferstich, in: G. M. Vischer, Topographia Ducatus Stiriae [...], Wien 1681, Tafel 175

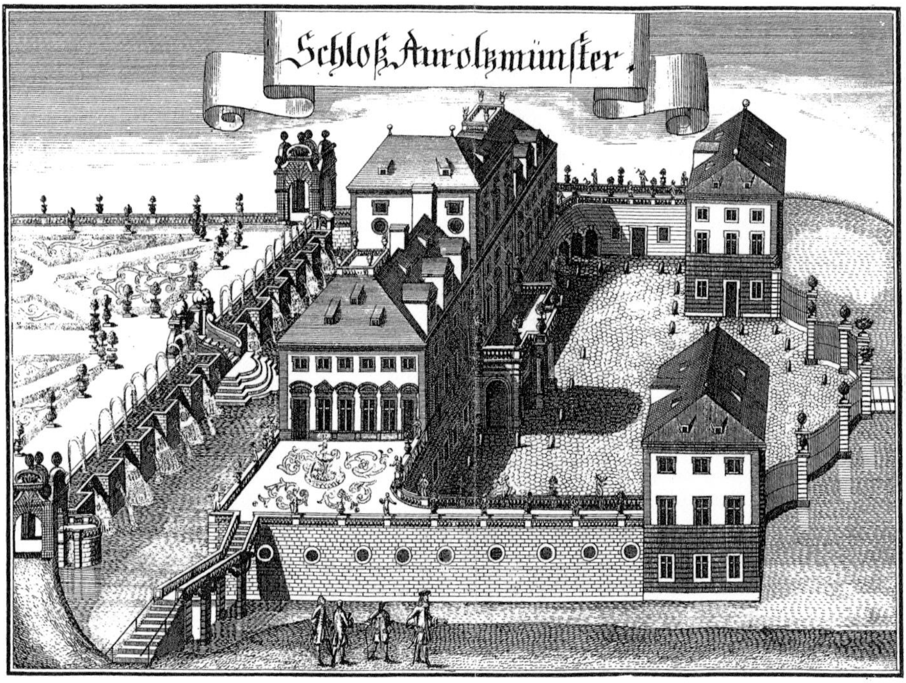

Abb. 15: Michael Wening, „Schloß Aurolzmünster", um 1721, Kupferstich, in: M. Wening, Historico-Topographica Descriptio. Das ist: Beschreibung des Churfürsten- und Hertzogthums Ober- und Nidern Bayrn, 2. Bd., Rentamt Burghausen, München 1721, o. Nr. (Tafel 41)

Aufwendig angelegt wurde der auf zwei Ebenen geplante Garten des Residenzgebäudes des Kardinals und Fürstbischofs Johann Philipp von Lamberg in Passau um 1700: Zwei 1714 von Johann Christoph Volkamer in seinem Kupferstichwerk „Continuation der Nürnbergischen Hesperium" veröffentlichte und kommentierte Kupferstiche geben Zeugnis von den reich ausgestatteten Terrassengartenpartien „über Gewölb und Zimmer" (44). Zur optischen Erweiterung dieser Terrassen dienen die an den Abschlusswänden und den Terrassenmauern angebrachten Fresken, die verschiedene Perspektiven von Ziergärten zeigen.

Auf der Dachterrasse seines 1724 erworbenen Wohn- und Atelierhauses in Würzburg (Franziskanergasse 2) errichtete der Architekt Balthasar Neumann eine über eine kurze Außentreppe erreichbare, umgitterte Aussichtsplattform, die er „Belvedere" und der Volksmund „Neumann-Kanzel" nannte. Von hier aus konnte der Architekt seine Würzburger Baustellen überblicken (45). Im Zweiten Weltkrieg stark beschädigt, musste das Gebäude abgetragen werden. Auf dem Neubau besteht auch heute wieder ein Flachdach mit einer erhöhten „Aussichtskanzel".

Solche Altanaufbauten scheinen weit verbreitet gewesen zu sein, da in Johann Heinrich Zedlers Universallexikon von 1732 dem Begriff einige Sätze gewidmet sind: „Altan, ist ein offener Platz, oben auf dem Hause, der mit einem Geländer umgeben, und öfters mit Blumen oder Orangerie besetzet wird. Die Altane sind nicht allein bey uns in Deutschland, sondern auch in Spanien und Italien gar gebräuchlich. Sie müssen mit einem guten Estrich versehen werden (…)“ (46)

Auch aus der in der Sekundärliteratur mehrfach erwähnten, in Dresden um 1722 veröffentlichten „Beschreibung des grossen Vorzugs, welchen die sogenannten Altanen Vor denen biß hieher gewöhnlich gewesenen und mit überflüßigen Holtz versehenen Haus-Dächern haben“ des Volkswirtschaftler und Bausachverständigen Paul Jakob Marperger soll hierzu Einiges zitiert werden:

> „Was Altanen seyn, wird niemand so leichtlich unbekannt seyn/ nemlich solche zu oberst der Häuser/ Schlösser und Palläste angelegte und unbedeckte Plätze/ welche entweder über das gantze Wohn-Gebäu/ oder doch einen Theil und abseiten desselben gehen/ und auf welchen man/ vornemlich zur lieblichen Sommers-Zeit seine Ergötzung bey angenehmen Abend-Stunden in freyer Luft haben/ und weit und breit über andere Häuser hinaus/ auch auf einigen gar biß ins freye Feld sehen/ und an daselbst aufgesetzten Orangerien/ oder andern Scherben-Gewächsen seine Lust haben kan/ dergleichen Altanen oder Höhen seynd nun erstlich von der Natur denen Bau-Verständigen als etwas gar nutzbares und ergötzliches selbst angegeben/ theils auch aus Italien und andern warmen Ländern/ wo zumahl die platten Dächer in Gebrauch seyn/ zu uns hergebracht und eingeführet worden.“

Marperger verweist weiters auf den Nutzen der Flachdächer im Süden zur Sammlung der Wasserniederschläge und empfiehlt die „universale Einführung der Altanen“ in einheitlicher Höhe, um das uneinheitliche Stadtbild in den deutschen Städten symmetrisch zu gestalten. Außerdem wäre damit Material anstelle der aufwendigen hölzernen Dachstühle und Ziegeldächer zu sparen und die Feuergefahr hintanzuhalten. Menschen, die an ansteckenden Krankheiten leiden, könnte man in kleinen „Cabinets“ auf den Altanen gesunden lassen und die Altanen im Kriegsfall zu Verteidigungszwecken mit Waffen bestücken. Diese Altanen – so Marperger – dienen ferner dem Trocknen der Wäsche und dem Sammeln von Niederschlägen in Zisternen. Sie bieten Lagerflächen und zusätzlichen Raum sowie verschiedensten Berufen Arbeitsfläche im Freien. Den Gelehrten bieten sie Platz „zu ihrem studiren und meditiren/ als bey welchen man ohne dem gern von dem Geräusch des Hauswesens entfernet seyn will“ und den Gläubigen freien Raum zu ihrer Erbauung.

„Zur Lust und Ergötzlichkeit könnte ein Hausz-Vater seinen kleinen hortum pensilem oder auch Dach-Gewächs in Scherben und Kästen auf solchen Altanen haben/ Lauber-Hütten darauf machen (…), kleine Baum-Schulen darauf anlegen/ seine Orangerie daselbst aufstellen/ mit diesem oder jenem fremden Gewächs u. Saamen Experimenta machen/ und hierdurch die Allmacht Gottes und die Kräffte der Natur bewundern lernen. Durch solches Abwarten seiner Altane bei müßigen Stunden würde er auch viel unnütze Gesellschafften vermeiden und das dabey zu verzehrende Geld im Beutel behalten."

Für die Freunde können auf den Flachdächern „Divertissements", „Serenaden" und eine „Collation" sowie „die beste Bewirthung/ nemlich ein vernünfftiger und erbaulicher Discurs zugleich mit dabey aufgesetzet" werden (47).

Im späteren 18. Jahrhundert befasste sich der Franzose Jean d'Etienne praktisch und theoretisch mit dem Thema. Er legte in Paris um 1780 einen eigenen, nicht mehr erhaltenen 200 Quadratmeter großen Dachgarten mit Nutz- und Ziergartenbereichen sowie Pavillons an und veröffentlichte 1782 ein kleines

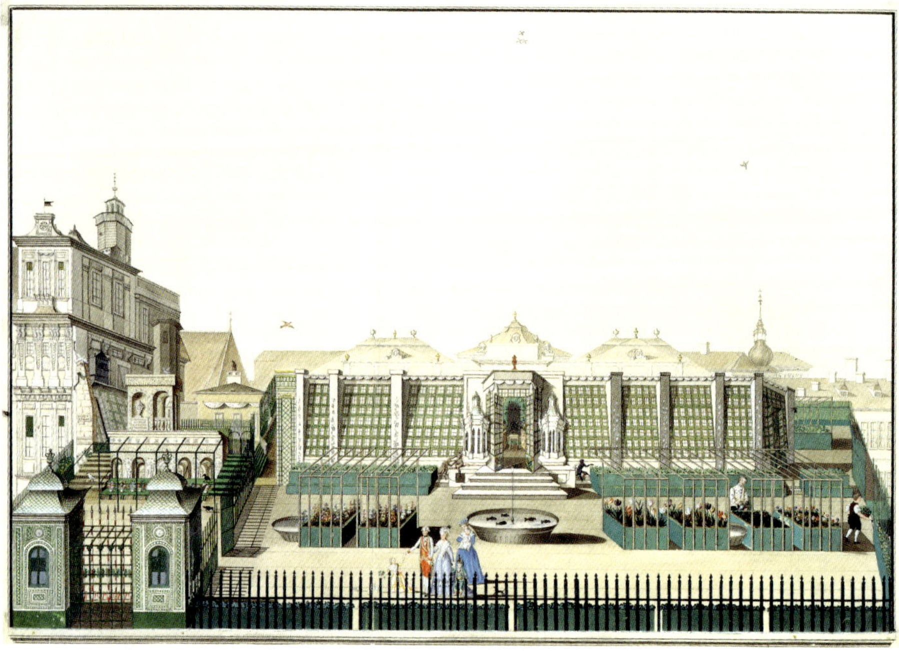

Abb. 16: Unbekannter Künstler, Die Familie des Kaisers Franz II. /I. auf dem Dachgarten der Hofburg, um 1796, Gouache, Wien Museum, Inv. Nr. 95.070

Buch über seine Erfindung eines wasserundurchlässigen Zements zur Herstellung von Dachterrassen. Einen Aufriss und einen Grundriss dieses Dachgartens präsentierte samt einem kurzen Text zu diesem „Lustgarten" „nach italienischem Geschmacke" Jean-Charles Krafft 1810 in seinem zweibändigen Kupferstichwerk französischer, englischer und deutscher Gärten (48).

Eine nicht mehr erhaltene, aber originelle Lösung für die an Ziergärten von jeher nicht eben reich ausgestatteten Hofburg, der Residenz der Habsburger im Zentrum von Wien, war die oberhalb des um 1756/1759 bis 1764 erbauten sogenannten neuen Augustinerganges angelegte Dachterrasse (Abb. 16). Südlich des Hofbibliotheksgebäudes errichtet wurde sie wohl bald begrünt und 1791 bis 1793 mit einem Gewächshaus ausgestattet (49). Als sogenannte Kaiserin-Terrasse wird sie im Jahr 1854 wie folgt beschrieben:

> „Dieselbe nimmt das obere Stockwerk des Augustinerganges ein, welcher 1769 erbaut wurde, um eine bequeme Verbindung der kaiserlichen Gemächer mit der Augustinerkirche herzustellen. Die Terasse (sic) selbst, ihrer ganzen Länge nach mit einem Glasdache überwölbt, bildete das Lieblingsplätzchen der zweiten Gemahlin Kaisers Franz, Maria Theresia (vermählt 19. September 1790, gestorben 13. April 1807). In dieser Terrasse, zu welcher ein eigener Zugang aus den kaiserlichen Appartements hergestellt wurde und wo die frohsinnige Monarchin einen großen Theil des Tages zubrachte, waren die verschiedenartigsten Spielwerke und Seltenheiten zum Zeitvertreibe aufgestellt, Geräthe zu Experimenten der natürlichen Magie und überraschende physikalische Apparate, chinesische Schattenspiele, Phantasmagorien und viele ähnliche Vorrichtungen zu solchen im Schwunge befindlichen Kunststücken. Unter anderen Curiositäten befand sich daselbst eine Camera obscura und ein lebensgroßer Teufel, in dessen Unterleib allerlei unerklärliche Dinge vorgingen. In der Kehle des Unholdes steckten Glaslinsen, durch welche, was im Nebenzimmer vorging, sich verkleinert darstellte, so daß man glaubte, im Magen des Satans ein Liliputanertheater, auf welchem kleine Dramen, meist Schauergeschichten, sich abspielten, und Wunder zu sehen. Auch ein künstlich angelegter Garten mit exotische Gewächsen und reicher Blumenflor und eine kleine Menagerie von mehren Affen- und Papageigattungen waren daselbst eingerichtet. Kein Wiener ging in jenen Tagen den Weg vorüber, ohne zur Kaiserin-Terasse den Blick emporzuheben, um so mehr, als die hohe Frau eben so sehr durch Mildthätigkeit und Leutseligkeit, als durch Frohsinn glänzte." (50)

Graf Karl von Zinzendorf, Staatsminister am Wiener Hof, besuchte im Jahr 1794 diesen Garten, zunächst begleitet von einem Hofgärtner. Er beschreibt in seinem Tagebuch die verschiedensten Pflanzen im Gewächshaus und in den Beeten im Freien, das Observatorium und die beiden angebrachten Camera-obscura-Vorrichtungen:

> „Hier versetzte mich mein Cicerone (Anm.: der ihn führende Geistliche Eberl) in einen Zustand der Verzauberung, indem er alle vor mir Revue passieren ließ, die in das äußere und innere Burgtor eintraten oder herauskamen, das Hüftenschwenken der Frauen mit ihren Röcken, alle auf dem Glacis und rund ums Glacis Promenierenden, die Vorstädte, den Turm und die Uhr von St. Michael, alle Rauchfänge der Hofburg mit ihren roten Dächern, das alles zeichnete sich vor mir auf einem Tisch ab. Dann stiegen wir noch höher auf das Türmchen, von wo man durch ein Fernrohr den Himmel beobachten kann."

Zinzendorf erwähnt außerdem zwei Räume (die kaiserliche Naturaliensammlung) „mit ausgestopften Tieren und Vögeln angefüllt, mit Mineralien, Muscheln und Elektrisiermaschinen" (51).

Ab 1817 wurden im Auftrag von Kaiser Franz II./I. die ersten Planungen zur Errichtung eines neuen Hofgartens samt langgestrecktem fünfteiligen Glashaus getroffen. Durch den neuen Garten wurde ein Teil der 1809 in den Franzosenkriegen schwer beschädigten Burgbastei ersetzt (52). Der neue kaiserliche Hofgarten war „durch einen unterirdischen, lichten, lüftigen und trockenen, auch beheitzten Gang und durch eine Stiege mit den Glashäusern auf der Terrasse verbunden (...), welche zwischen der k. k. Burg und dem Pallaste Seiner Königlichen Hoheit des Herzoges Albert zu Sachsen-Teschen über dem Augustiner-Gange angelegt sind, und unmittelbar an die Allerhöchsten Wohn-Appartements und die Privat-Bibliothek Seiner Majestät stoßen. Es kann daher der Allerhöchste Hof in die oberen Terrasse-Glashäuser, von da in das neue große Glashaus und eben so in den Hofgarten durch unmittelbare, von niemand sonst betretene Communicationen, und ohne der üblen Witterung ausgesetzt zu seyn, sich begeben. Die älteren Glashäuser auf der Terrasse sind in verschiedenen Temperaturen eingetheilt, und ihr botanischer Inhalt, vereiniget mit jenem des zuvor beschriebenen großen neuen Glashauses, bildet eine Sammlung, die unter die ansehnlichesten und merkwürdigsten, besonders an Pracht-Exemplaren, gehört, und über dieses fortan reichlich von Seiner Majestät vermehret und vervollkommnet wird." (53) Anstelle des ersten Glashauses auf der Terrasse, abgebildet in einem Aquarell aus der Zeit um 1796 – der Zeitpunkt des Abbruchs ist nicht bekannt –, wurde ein einfacheres Glashaus erbaut (Abb. 17). 1837 wurde ein Teil dieses bereits baufälligen Glashauses abgerissen und wohl kurze Zeit später der verbliebene Rest (54).

Abb. 17: Unbekannter Künstler, Dachgarten von Kaiser Franz II./I. auf der Burgbastei, um 1807, Aquarell, Möbelmuseum Wien, Inv. Nr. MD 006554/000, Leihgabe der Sammlung der Bundesmobilienverwaltung

KLASSIZISMUS

Die Tradition, die Fassade mit einer Dachbalustrade oder einer Attikazone abzuschließen, wird auch bei klassizistischen Prunkbauten fortgeführt. So trägt das Gartenpalais Rasumofsky (3. Bezirk, Rasumofskygasse 23–25), 1803 bis 1807 nach Plänen von Louis Montoyer erbaut, an allen vier Fassaden eine Attikabalustrade, die die Dachzonen kaschiert und von unten betrachtet durchaus an ein Flachdach denken lässt (55).

Wie ein Bühnenbild aus dem Jahr 1808 zeigt, finden sich bisweilen auch Ansichten zur Nutzung von innerstädtischen Terrassen (Abb. 18). Karel Postel schuf das Bühnenbild für das Singspiel „Am Dache", das 1808 im Prager Stadttheater aufgeführt wurde (Wiener Uraufführung 1807). Im Vordergrund der Prager Stadtkulisse ist eine Dachterrasse zu sehen. Eingespannt zwischen die Dächer der Nachbarhäuser und zugänglich über eine Falltür sowie Türen in den Dachgeschoßen, stehen auf der Terrasse einige größere und kleinere Kübel- und Topfpflanzen; ein Paar hält sich im Schatten des Daches auf, ein Musiker sitzt am linken Bildrand und spielt Harfe, Horn und eine Art Schlagzeug (56). Die Dekorationsangabe des Autors Georg Friedrich Treitschke zu dem Stück ver-

Abb 18: Karel Postl inv., J. Döbler sc., Bühnenbild zum Singspiel „Am Dache", 1808, Radierung, in: Oberdeutsche allgemeine Litteraturzeitung, 28.5.1808

langt die Darstellung einer Altane auf dem Dach des reichen Hausbesitzers, mit Aussicht auf die Dächer und Türme einer großen Stadt.

Die von Franz Maleck im Jahr 1819 gemalte Vedute anlässlich des Baues der Ferdinandsbrücke über den Donaukanal in Wien wurde vom Standort einer Terrasse im letzten Stockwerk des nach 1773 aus mehreren Häusern umgebauten Müller'schen Gebäudes (eh. 1. Bezirk, Rotenturmstraße 26/Adlergasse 1/Franz-Josefs-Kai 21) aufgenommen (Abb. 19). Diese geräumige, einer Wohnung vorgelagerte Terrasse ist mit Topfblumen auf einer Stellage geziert, zwei Kleinkinder spielen am Boden. Das Gebäude wurde 1889 abgebrochen (57).

Als Wohnung und Atelier errichtete Josef Georg Kornhäusel 1825 bis 1827 den zu jener Zeit höchsten profanen Turm in Wien mit drei Geschoßen oberhalb des von ihm gleichzeitig entworfenen Mietwohnhauses (1. Bezirk, Seitenstettengasse 2/Judengasse 14/Fleischmarkt 1 b). Über eine eiserne Zugbrücke, deren Mechanismus nicht mehr vorhanden ist, ist die Aussichtsplattform mit weiter Aussicht von den Kleinen Karpaten bis zum Schneeberg erreichbar. Der Turm blieb bis heute bestehen (58).

Abb. 19: Franz Maleck, Bau der Ferdinandsbrücke über den Donaukanal, 1819, Ölgemälde, Wien Museum, Inv. Nr. 28572/1

HISTORISMUS

Ab 1848 erfolgte die Planung der bis 1856 fertiggestellten k. k. Artillerie-Kaserne, Arsenal genannt (3. Bezirk, Arsenalstraße); aus Gründen der militärischen Nutzung wurde ein Teil der zahlreichen, zinnenbegrenzten Ecktürme der vierflügeligen Bauten flachgedeckt, wodurch sie als Wehr- und Aufsichtszonen begehbar waren (59).

Viele der in Wien in der zweiten Hälfte des 19. Jahrhunderts erbauten städtischen Wohnhäuser und repräsentativen öffentlichen Bauten erhielten durch die Anbringung von Attikazonen, Balustraden, Giebeln, Erkern, Eck- und Mittelrisaliten, Kuppeln und Türmen reich ausgeführte Dachzonen, jedoch nur in seltenen Fällen ständig begehbare Bereiche (60). Was von der Straße aus gesehen flachdachartig anmutet, stellt sich daher meistens als balustraden- und brüstungsbegrenztes sehr flaches, meist nur 25 bis 30 Grad geneigtes Dach heraus – etwa die turmartigen Eckrisalite der Akademie der bildenden Künste (1. Bezirk, Schillerplatz 3), die Eckrisalite und der Mittelrisalit des Heinrichhofes (eh. 1. Bezirk, Opernring 1–5, nicht erhalten) und die Eck- und Mittelrisalite der Börse (1. Bezirk, Schottenring 16). Die beiden Feststiegenflügel des Burgtheaters, die vom Straßenraum aus wirken, als wären sie von einer Dachterrasse bekrönt, tragen sehr flach geneigte, von Attikabalustraden umgebene Dächer (1. Bezirk, Universitätsring 2). Ebensolche balustradenumgebene Dächer befanden sich an der 1861 bis 1869 erbauten Wiener Staatsoper in den Trakten gegen den Opernring beiderseits und oberhalb des Vorbaus – die drei großzügigen, dem Publikum zugänglichen Dachterrassen wurden erst anlässlich der Wiederherstellung der Staatsoper nach dem Zweiten Weltkrieg anstelle dieser Dächer geschaffen (1. Bezirk, Opernring 2). Die zinnenbegrenzten Türme des bereits erwähnten Arsenals (3. Bezirk, Arsenalstraße/Ghegastraße/Lilienthalgasse) tragen mit einigen oben erwähnten Ausnahmen ebenfalls flach geneigte Dächer.

Adolf Loos stellt in seinem 1910 in der „Reichspost" veröffentlichten Artikel „Wiener Architekturfragen" diese spezifischen Wiener Dachlösungen vor. Für ihn ist der „Wiener Baucharakter" durch das schlichte Dach oberhalb des Hauptgesimses gewahrt. Er richtet sich gegen die aufwendigen Kuppeln und Dachaufbauten und propagiert anstelle dieser „Dachungetüme" das Aufsetzen eines weiteren Stockwerkes unterhalb des Hauptgesims (61). Bei einer seiner für das interessierte Publikum angebotenen „Stadtwanderungen" äußert sich Loos im Jahr 1914 wie folgt: „Von der Oper nach dem Kärntnerring, das ist der schönste Teil der Ringstraße, hat den richtigen Ringstraßencharakter: keine Aufbauten, keine Risalite, gleichmäßige Fenster- und Achsenteilung, glattes Gesims, ordentliche Attika, weiterhin sieht man nichts von Rauchfängen etc., wenn man nicht direkt danach sucht." (Abb. 20) (62) Begehbare, flachgedeckte Türme finden sich an historistischen Villen und diesem Villentypus verpflichteten Bauten in Wien, beispielsweise bei der 1870 bis 1872 erbauten Zentralanstalt für Meteorologie und Geodynamik (19. Bezirk, Hohe Warte 38).

1835 verweist der Königlich Preußische Fabriken-Kommissions-Rat Johann Friedrich Dorn in seinem Buch zur Ausführung von Flachdächern kurz auf die Vorteile ihrer Nutzung als „Belvedere, Dachgarten, Trockenplatz etc." (63) Mit den Herstellungsgrundlagen von Flachdächern befasst sich auch der schlesische Handelsmann Carl Samuel Häusler. Er stellt 1851 in einer Publikation den von ihm erfundenen und patentierten Holzzement und seine Anwendungs-

möglichkeiten vor. Ausführlich geht der Verfasser auf die Vorteile des damit gedeckten Flachdaches ein. Die Herstellung wäre weitaus billiger als das herkömmliche Ziegeldach, es böte mehr Brandschutz und es sei dem Familienleben in freier, frischer Luft mit Freude an der Natur und an der Gartenarbeit förderlich (64).

Abb. 20: Wien, Kärntnerring, Richtung Schwarzenbergplatz, um 1875, Foto, Österreichische Nationalbibliothek, Bildarchiv und Grafiksammlung, Inv. Nr. 233.277C

Als Sonderform des Flachdaches propagiert Eduard Rüber in seinem 1860 erschienenen Buch die Anlage von Rasendächern, die von den Bewohnern „durch Aufstellung von größeren in Töpfen und Kästen gezogenen Pflanzen und Bäumen als ein wahrer Ziergarten behandelt werden" können. (65)

Der Berliner Maurermeister Carl Rabitz stellt im Jahr 1867 im Rahmen der Pariser Weltausstellung das Modell seines auf seinem eigenen mehrgeschoßigen Wohnhaus in Berlin (Invalidenstraße 66 g) angelegten Dachgartens vor und veröffentlicht seine Überlegungen zum Dachgarten im selben Jahr. Er lobt die Vorzüge der von ihm seit mehr als fünfundzwanzig Jahren angelegten „Naturdächer" als eine Weiterentwicklung der Holzzementdächer. Im Vergleich zum herkömmlichen Dach wären sie „schöner, dauerhafter und billiger". Weitere Vorteile sieht er in der höheren Feuersicherheit, der Kleinklimaverbesserung in der Großstadt durch die Begrünung und Bewässerung auf den Dächern und in der Raumklimaverbesserung der Zimmer unterhalb des begrünten Naturdachs. Für Rabitz bieten die begrünten Dächer zudem einen Gewinn an Schönheit zur Freude der Bewohner und der Fußgänger auf der Straße darunter. Rabitz kannte den Gartenarchitekten Gustav Meyer, der im Rabitz'schen Wohnhaus in Berlin Mieter war; allerdings finden sich in den veröffentlichten Schriften dieses namhaften Gartenarchitekten keine Überlegungen zu Dachgärten (66).

Der deutsche Gärtner und Gartenschriftsteller Hermann Jäger weist in seinem 1877 erschienenen „Lehrbuch der Gartenkunst" auf die Möglichkeit zur Anlage eines Dachgartens hin, wenn die Örtlichkeit selbst für die Begrünung eines Hofes ungünstig ist: Diese Dachgärten, so Jäger, „sind freier, luftiger und lichtvoller, daher schöner" (67). Begrünt wird ein solcher Dachgarten gemäß Jäger meist mit großen Pflanzen in Gefäßen, die überwintert werden müssen; es sei aber durchaus auch möglich, bei entsprechend starken Dächern „einen regelmäßigen Prachtgarten ganz wie auf der Erde an(zu)legen". Windschutz und Schutz vor der Aussicht auf hässliche Höfe und Dächer wären durch begrünte Schutzwände zu erzielen (68).

Durch das von Häusler entwickelte Holzzementdach, durch die in der zweiten Hälfte des 19. Jahrhunderts neuen und verbesserten Technologien (vor allem im nordamerikanischen Hochhausbau entwickelt), durch die Erfindung des modernen Aufzuges („Fahrstuhl"), der erstmals 1852 in New York in Funktion trat, sowie die Einführung der Stahlbetonbauweise um 1900 konnte das Flachdach und damit auch der Dachgarten nun weitaus verbreiteter verwirklicht werden (69).

Zur Situation in Wien stellt ein unbekannter Verfasser in einer Notiz 1903 in der „Wiener Illustrierten Garten-Zeitung" fest:

> „Es gibt zwar in Wien einige Häuser, die am Dache eine Art Garten haben und die ihrem Besitzer sehr dienlich sind, doch im allgemeinen findet man solche ebensowenig wie anderwärts. (...) Jedenfalls beansprucht dieser Gegenstand (Anm.: das Dach aus Holzzement für die Anlage von Dachgärten) mehr Beachtung und könnte bei dem ohnehin zu rapiden Verschwinden von Gärten hygienische Vorteile bringen." (70)

UM 1900: WIENER ARCHITEKTEN ZU FLACHDACH, DACHTERRASSE UND TERRASSENHAUS

OTTO WAGNER

Otto Wagner und seine Schule bevorzugen als obere Begrenzung der Fassade ein möglichst stark vorragendes, aufwendig formuliertes Dachgesims, auf das bisweilen auch bereits ein Flachdach folgt. Ein Beispiel ist das 1894 bis 1898 erbaute Verwaltungsgebäude der Donauregulierungs-Kommission („Nußdorfer Nadelwehr", 20. Bezirk, Brigittenauer Lände 340). Hier setzt Wagner auf das Flachdach ein ebenfalls flach gedecktes, verglastes Aussichtsgebäude, das als Beobachtungsstation für die Stromaufsicht dient. Das 1903 bis 1906 und 1910 bis 1912 nach Plänen von Otto Wagner erbaute Österreichische Postsparkassenamt (1. Bezirk, Georg-Coch-Platz 2) trägt über dem Kranzgesims und hinter seinen mit Aluminiumplastiken verzierten Dachaufbauten ein mit Aluminiumgeländer abgegrenztes, sehr flach geneigtes Kiesdach. Das 1904 bis 1908 nach Plänen von Wagner erbaute Schützenhaus der einstigen Staustufe Kaiserbad am Donaukanal (2. Bezirk, Obere Donaustraße 26) ist ebenfalls flachgedeckt. Seine eigene, zweite Villa (14. Bezirk, Hüttelbergstraße 28), von ihm 1905 als Sommersitz geplant und 1912/1913 verwirklicht, weist über dem mächtig vorspringenden Kranzgesims ein von einer niedrigen Mauer begrenztes gekiestes Flachdach auf (Abb. 21). Zwischen 1902 und 1907 entstand nach Plänen von Wagner am höchsten Punkt des Psychiatrischen Krankenhausareals „Am Steinhof" (14. Bezirk, Baumgartner Höhe 1) die Kirche zum Hl. Leopold. Der Dachkuppel wurden an allen vier Seiten gekieste Flachdächer in Holzzementkonstruktion beigestellt. Aussicht und Aufsicht über das gesamte Areal der „Weißen Stadt" sind vom kirchlichen Zentrum gegeben (71).

Abb. 21: Wien, Zweite Villa Otto Wagner, 2010

ADOLF LOOS

Schon das erste von Adolf Loos realisierte Wohnhaus, die Villa Karma am Ufer des Genfersees in Clarens bei Montreux, trägt im zweiten Obergeschoß eine an drei Seiten umlaufende geräumige, mit Pergolen versehene Terrasse, die das flachgedeckte Dachgeschoß umgibt. Loos errichtete die Villa ab 1903 bis 1906 für das Ehepaar Laura und Theo Beer auf den Grundmauern eines bestehenden Landhauses (Fertigstellung 1909 bis 1912 durch Hugo Ehrlich).

Die erste in Wien von Loos errichtete Villa, das 1910 erbaute Haus für Lilly und Hugo Steiner (13. Bezirk, St.-Veit-Gasse 10) wird mit einer Dachterrasse ausgestattet: Trotz der von der Baubehörde vorgeschriebenen Traufenhöhe konnte durch die Anbringung eines kupferblechverkleideten Halbtonnendaches gegen die Straßenseite und einer vom „Gartenzimmer" aus zugänglichen Dachterrasse auf dem Holzzementdach gegen die Gartenseite die Dachgeschoßzone voll genutzt werden. Nach baulichen Veränderungen wurde das Haus 1994 auf den ursprünglichen Zustand gebracht.

Loos hat laut Heinrich Kulka das erste Terrassenhaus in Mitteleuropa, das Urbild aller „Terrassenbauten", geschaffen (Abb. 22) (72): Die für Helene und Gustav Scheu 1912/1913 geplante und errichtete Villa (13. Bezirk, Larochegasse 3) wurde von ihm bis zum vierten Geschoß in gestaffelter Form gegliedert. Jedes der Geschoße erhielt ab dem ersten Stockwerk eine geräumige Terrasse in Holzzementbauweise, die im ersten und zweiten Stock (Wohnung Scheu und Mietwohnung) als zu verbauende Erweiterungsfläche genutzt werden konnte. Nach einer späteren Verbauung wurde 1978/1979 das Haus wieder auf seine ursprüngliche Form rückgeführt (73).

Abb. 22: Wien, Gartenfassade der Villa Scheu, Foto um 1930, veröffentlicht in: H. Kulka (Hg.), Adolf Loos. Das Werk des Architekten, Wien 1931, Abb. 51

Der Kunsthistoriker Franz Glück stellt in seinem Beitrag in der 1931 erschienenen ersten Monographie über Adolf Loos dessen Verdienste bereits in den Frühwerken fest:

„Das 1904 gebaute Haus am Genfer See hat, als sei dies selbstverständlich, jenes flache Dach, das erst fünfzehn Jahre später allgemein angewendet wird. Welche Reinheit der Formen, welche ornamentlose, moderne Klar-

> heit ist übrigens hier wie in allen diesen frühen Schöpfungen! Das Terrassenhaus Scheu (1913) mutet wie das Vor- und Urbild aller Nachkriegsarchitektur an.“ (74)

Loos berichtet in einem 1923 erschienenen Artikel über die Schwierigkeiten, die das Haus Scheu 1913 brachte:

> „Sie (Anm.: die Villa) erregte allgemeines Kopfschütteln. Man meinte, daß eine solche Bauweise wohl in Algier am Platze wäre, nicht aber in Wien. Ich hatte bei dem Entwurf dieses Hauses nicht im entferntesten an den Orient gedacht. Ich meinte nur, daß es von großer Annehmlichkeit wäre, von den Schlafräumen, die sich im ersten Stock befanden, eine große, gemeinschaftliche Terrasse betreten zu können. Überall, sowohl in Algier wie in Wien. Also diese Terrasse, die sich im zweiten Stockwerke – einer Mietswohnung – noch einmal wiederholte, war das Ungewohnte, Außergewöhnliche. Ein Interpellant im Gemeinderat verlangte, daß eine solche Bauweise vom Stadtbauamt verboten werden solle.“ (75)

Im Jahr 1913 stellt Loos „Regeln für den, der in den Bergen baut“ auf und tritt darin für die Verwendung des „flachste(n) Dach(es), das unseren technischen Erfahrungen nach möglich ist“ ein (76). Im bereits erwähnten Artikel aus dem Jahr 1923, in dem Loos sein Projekt des stufenartig terrassierten Grand Hotel Babylon vorstellt, betont Loos die Wichtigkeit des nun technisch problemlos möglichen Flachdaches als „das beste, billigste und dauerhafteste Dach“ (77). Eigentlich wollte Loos ein solches Terrassenhaus für Arbeiterwohnungen präsentieren, aber anlässlich der Einladung zur Teilnahme am Pariser Herbstsalon 1923 entschließt er sich, „der wirksamen Propaganda wegen ein Terrassenhotel auszustellen“ (78): In Form von zwei Stufenpyramiden für die Lage an der Rivieraküste geplant, erhält jedes der Gästezimmer eine vorgelagerte geräumige Terrasse. Dieses Projekt wurde jedoch nicht verwirklicht (79).

Loos propagierte die Wahl des Flachdaches immer wieder, so auch anlässlich eines in Stuttgart im Jahr 1926 gehaltenen Vortrages über die moderne Siedlung, als Loos eine Frage aus dem Publikum, „Flaches oder geneigtes Dach?“, mit dem Verweis auf den Erfinder des Holzzementdaches, Samuel Häusler, ausführlich beantwortete. Dabei deklarierte er dessen Erfindung zur „größte(n) Erfindung im Bauwesen seit Jahrtausenden“ und strich die technischen Details des vorteilhaften Flachdaches hervor (80). In einer weiteren Fragebeantwortung zu Mehrfamilienhäusern schlug Loos eine Wohnhausanlage aus zwei Stockwerken vor, deren Terrassen durch Außentreppen erreichbar sein und eine Art von

Hochstraße ausbilden sollten, auf der sich vor allem Kinder gefahrlos aufhalten können sollten (81).

Sein 1921 vorgelegtes und patentiertes Projekt „Haus mit einer Mauer" bietet fast selbstverständlich wiederum eine Dachterrasse auf dem Flachdach an. Zahlreiche weitere Projekte von Loos für den Wiener Siedlungsbau, für den Volkswohnungsbau in Form von Maisonetten samt Terrasse (10. Bezirk, Inzersdorfer Straße, 1923, nicht ausgeführt; Winarskyhof, 20. Bezirk, Bauteil Durchlaufstraße, 1923, nicht ausgeführt), für Wohnhäuser und Villen, für Waren- und Geschäftshäuser, für Hotels und Schulen sehen begehbare Flachdächer vor, die Loos auch deshalb anwendet, um mehr nutzbaren Raum zu erzielen (82).

Auch das letzte große, von Loos ab 1928 geplante und 1930 fertiggestellte Wohnhaus, das Haus für Milada und Frantisek Müller in Prag (6. Bezirk, Stresovice, Nad Hradnim vodojemen 14, cp. 642), erhielt eine Dachterrasse in Holzzementbauweise, die an der Ostseite einen großen querrechteckigen gemauerten Rahmen für die Aussicht auf die Prager Altstadt enthält (Abb. 23). Haus und Terrasse sind, 1998 bis 2000 wiederhergestellt, erhalten (83). Robert Scheu berichtet in seiner Beschreibung des Hauses Müller dazu: „Vom geräu-

Abb. 23: Prag, Haus Müller, 2019

Abb. 24: Payerbach, Haus Khuner, 1929/30, Foto von Martin Gerlach jun.

migen Dach, wo eine ganze Sportmannschaft kampieren könnte, der Blick auf das altertümliche Prag, in Nebel getaucht, mit dem St.-Veits-Dom, der als schattenhafte Silhouette herübergrüßt." (84)

Das 1929 bis 1930 von Loos in Zusammenarbeit mit Heinrich Kulka geplante und 1930 fertiggestellte Landhaus für Paul Khuner im Voralpenland (Niederösterreich, Kreuzberg Nr. 60) ist von Terrassen und Treppen, die in den abfallenden Garten überleiten, umgeben und trägt auf seinem flach geneigten Satteldach einen Dachaufbau samt einer Aussichts- und Sonnenterrasse (Abb. 24) (85). 1920 begegnete Loos zum ersten Mal Le Corbusier, welcher von Loos sehr beeindruckt war (86). Hier kann nun nicht weiter ausgeführt werden, wer wen im modernen, dem Funktionalismus verpflichteten Architekturdenken beeinflusst hat, und wann und wodurch diese Einflussnahme von Loos auf Le Corbusier und/oder von Le Corbusier auf Loos erfolgte (87); es soll aber zumindest auf die für unsere Befassung mit den erweiterten Räumen am Außenbau wichtigste Schöpfung von Le Corbusier hingewiesen werden: die Villa Savoye in Poissy nahe von Paris. 1928 bis 1931 erbaut, enthält das auf Betonpfeilern ruhende Hauptgeschoß eine geräumige, mit Betonplatten und Pflanzbeeten

Abb. 25: Poissy, Villa Savoye, 2008

ausgestattete Wohnterrasse, von der eine Rampe zum darüberliegenden Dachgarten führt (Abb. 25). Als von Le Corbusier bezeichnete „promenade architecturale" zieht sich der „architektonische Spaziergang" vom gewachsenen Boden des Gartens und vom Erdgeschoß der Villa bis in die zum Himmel offene weite Dachgartenfläche. In seinem 1920/1921 verfassten, 1923 auf Französisch und 1926 auf Deutsch erschienenen Werk „Vers une Architecture" (dt.: „Kommende Baukunst") propagiert Le Corbusier den Einsatz von Flachdächern bei allen Wohnhäusern, die das herkömmliche Dach ersetzen und Platz für Terrassen bieten sollten. Er schlägt Typenhäuser vor, die das Wohnbedürfnis der modernen Lebensweise bestmöglich und sparsam erfüllen, den neuen Technologien gemäß seriell erstellt werden können und, über- und nebeneinander gereiht, zu Terrassenhausblocks zusammengestellt werden können (88): „Man braucht es nicht als Schande zu empfinden, wenn man ein Haus ohne spitzes Dach bewohnt, wenn man Mauern hat, die dünn wie Blech sind, und Fenster, die aussehen wie Fabrikfenster. Aber das, worauf man stolz sein kann, ist ein Haus, das so praktisch ist wie eine Schreibmaschine." (89) Auch in der Sondernummer „Das flache Dach" der Zeitschrift „Das neue Frankfurt" kommt Le Corbusier zu Wort:

„Der Dachgarten ist so die kühne, aber wirksame Folgerung aus dem flachen Dach. Wenn der Garten sich auf dem Dach befindet, so hat man das Grundstück, auf dem das Haus steht, wieder gewonnen. Man besitzt das Haus und steht auf seinem Dach, auf seinem eigenen Grund und Boden. (...) Und wenn ich mich in meinen Dachgarten setze, dann genieße ich dort neue Freuden, ein echtes Glück, das dem Städter in den Schoß fällt: ein morgenländischer Garten voll ergreifender Schönheit." (90)

JOSEF HOFFMANN

Im architektonischen Werk von Josef Hoffmann wird das Flachdach in unterschiedlichen Bauaufgaben eingesetzt. Ein frühes Beispiel stellt die erste Planung aus den Jahren 1903/1904 des Sanatoriums in Purkersdorf (Niederösterreich, Purkersdorf-Sanatorium, Wienerstraße 60–70) dar, wo Hoffmann ein Flachdach über dem stark vorspringenden Dachgesims des dreigeschoßigen Haupt-

Abb.: 26: Brüssel, Palais Stoclet, Straßenansicht, 2017

Abb. 27: Palais Stoclet, Ansicht von der Terrasse auf das Palais, Foto um 1910

gebäudes vorsieht. 1926 erfolgte gegen den Willen Hoffmanns nach Plänen von Leopold Bauer die Aufstockung des Sanatoriums, welche ab 1995 anlässlich der bis 2003 erfolgten Renovierung rückgängig gemacht wurde (91).

Das 1905 bis 1911 geplante und erbaute Palais Stoclet in Brüssel (Belgien, Brüssel, Avenue de Tervueren 281), das in seiner Gesamtheit – Gebäude, Inneneinrichtung, Gärten und Höfe – von Hoffmann in Zusammenarbeit mit der Wiener Werkstätte entworfen wurde, enthält mehrere Dachterrassen mit mosaizierten Fußböden und aufgestellten Kübelpflanzen – eine der Terrassen trägt eine berankte Pergola (Abb. 26, Abb. 27). Diese Terrassen sowie der Turm mit seinem umgitterten Wandelgang bieten weite Sicht über die formal gestalteten Freiflächen des Palais bis in die weitere Umgebung. Nur der Baukörper des eigentlichen Wohnhauses trägt kein Flachdach, sondern ein kupferblechverkleidetes, verhältnismäßig flaches Satteldach (92).

1910 adaptiert Hoffmann in Baden bei Wien ein Landhaus (Niederösterreich, Baden, Pelzgasse 11). Er legt zwei Altanen am hakenförmigen Hauptgebäude an und errichtet als Abschluss des Gartengrundstückes einen gemauerten quadratischen Pavillon. Dieser besitzt eine vorgelagerte Terrasse sowie eine über eine steile Außentreppe erreichbare Dachterrasse. Hoffmann hielt sich 1895 auf einer Studienreise in Capri auf und hat in Skizzen die flachgedeckten, teils mit Altanen versehenen kubischen Wohnhäuser dieser Insel festgehalten; das Gartengebäude in Baden wirkt wie eine Erinnerung an die mediterrane Bauweise auf Capri (93).

1909 bis 1911 entsteht das Haus für den Bauunternehmer Eduard Ast in der von Hoffmann geplanten Villenkolonie auf der Hohen Warte (19. Bezirk, Stein-

Abb. 28: Wien, Villa Ast, Foto um 1913, veröffentlicht in: Moderne Bauformen, 12. Jg., 1913, 1. Halbband, S. 3

feldgasse 2/Wollergasse 2) (Abb. 28). Die Hanglage bedingt Gartenteile auf unterschiedlich hohen, rechteckigen Flächen; die Villa erhält einen Anbau, der im Erdgeschoß einen gegen den Vorgarten verglasten, gegen den Garten offenen Wandelgang besitzt und die vom ersten Stock der Villa aus zugängliche, geflieste, mit Pflanzenbehältern versehene Terrasse trägt. Eine zweite, kleinere Terrasse liegt oberhalb des Villeneinganges an der Steinfeldgasse. Beide Terrassen sind erhalten (94). Das Sommerhaus für Eduard Ast in Auen (Kärnten, Auen-Schiefling, Waldpromenade 35–37), 1923 bis 1926 nach Plänen von Hoffmann entstanden, trug auf seinem als Dachterrasse ausgebildeten Flachdach ein verglastes Kinderspielzimmer (Abb. 29). Als gartenhausartiger Baublock bot es eine weite Aussicht über die Landschaft des Wörthersees. 1934 wurde wegen der nach Plänen von Hoffmann erfolgten Aufstockung der Villa das Dachsalettl entfernt (95).

Abb. 29: Auen, Villla Ast, Foto um 1925

Abb. 30: Wien, Neue Kliniken des Allgemeinen Krankenhauses, um 1988, Foto von Roland Stifter, veröffentlicht in: R. Stifter, Dachgärten, Stuttgart 1988, S. 118

VOR 1914: NEUERUNGEN AN UNTERSCHIEDLICHSTEN BAUAUFGABEN

Franz Berger, der maßgeblich an der Errichtung der stets flachgedeckten Krankenpavillons des 1904 bis 1907 erbauten Psychiatrischen Krankenhauses „Am Steinhof" (14. Bezirk, Baumgartner Höhe 1) beteiligt ist, entwirft ab 1902 die bis 1911 fertiggestellten Bauten der Neuen Kliniken des Allgemeinen Krankenhauses (9. Bezirk, Spitalgasse 23, Universitäts-Frauenklinik). Während das mittlere, 1868 erbaute Gebäude als Bauwerk des einstigen Städtischen Versorgungshauses zu Verwaltungszwecken beibehalten und umgebaut wird und ein historistisches Steildach trägt, sind die im Pavillonsystem errichteten Neubauten allesamt flachgedeckt, kiesbedeckt und mit Attikabalustraden samt eingesetzten Schmiedeeisengittern abgegrenzt (Abb. 30) (96). Man dachte dabei an die gärtnerische Ausgestaltung mit Pflanzenschmuck – die Patienten sollten in ihren Betten auf die Dächer gebracht werden (96).

Zu Heilzwecken dienten etwa auch die Dachterrassen des „Damen-Sonnenbad" und des „Herren-Sonnenbad" des ehemaligen Wiener Cottage-Sanatoriums (18. Bezirk, Sternwartestraße 74) (Abb. 31), das 1907 bis 1908 mit 76 Gästezimmern im Auftrag des Mediziners Dr. Rudolf Urbantschisch nach Plänen des Stadtbaumeisters Hans Kazda als Luxuserholungsheim für Stoffwechsel- und Nervenkranke errichtet worden war. Diese Dachterrassen boten neben frischer Luft, Sonne und Turngeräten zur Bewegung in unbekleidetem Zustand einen weiten Blick über den gegenüberliegenden Sternwartepark und den unweit sich erstreckenden Türkenschanzpark. Die Flächen dieser Terrassen sind bis heute erhalten geblieben (97).

Als Beispiel für ein Flachdach im Einfamilienwohnhausbau sei auf die Villa Gessner verwiesen, die der Schüler, dann Mitarbeiter im Atelier Otto Wagners und seit 1904 als selbständiger Architekt tätige Hubert Gessner 1907 für sich und seine Familie entwarf (18. Bezirk, Sternwartestraße 70). Über dem rechteckigen Baublock der Villa liegt das mit einem stark vorkragenden Kranzgesims versehene, unbegrünte Flachdach, das einen kleinen Ausstieg in Form eines rechteckigen, durchfensterten Häuschens samt vorstehendem schattenspendenden Dach hat. Die Villa wurde mehrfach umgebaut, das Flachdach und das Häuschen blieben erhalten (98).

Abb. 31: Wien, Cottage-Sanatorium, um 1910, Zeichnung von Erwin Pendl, veröffentlicht in: O. Urbantschitsch (Red.), Wiener Cottage-Sanatorium, Wien, o. J. (1910), S. 68

Im innerstädtischen Raum werden durchaus originelle Lösungen für die im Verlauf der zweiten Hälfte des 19. Jahrhunderts an Bauten in Ecklage bevorzugt angebrachten, bisweilen turmartigen oder in Form von Kuppeln und Eckaufbauten erzielten Überhöhungen gefunden. Einer der Schüler und Mitarbeiter Otto Wagners, Josef Plečnik, bildet eine der beiden Ecken des Zacherlhauses, ein 1903 bis 1905 erbautes Wohn- und Geschäftshaus des Bauherrn Johann Evangelist Zacherl (1. Bezirk, Wildpretmarkt 2–4), als gerundete Fassade aus (Ecke Brandstätte/Bauernmarkt). Zuoberst schließt ein den ganzen Bau einfassendes Kranzgesims das Gebäude ab, wobei die Gebäudeecke ein Attikageschoß wie eine „Krone" besitzt (Abb. 32): Die fast kreisrunde, brüstungsbegrenzte und kupferblechverkleidete „Krone" („Tambour"), die ehedem in Blockbuchstaben den Namenszug der Firma Zacherl trug, ist flachgedeckt und kann von der Dachgeschoßwohnung aus betreten werden. Mit dieser baulichen Lösung konnte sowohl das Gebäude als Firmenniederlassung in der Inneren Stadt vom Stephansplatz aus deutlich erblickt werden als auch von dieser Dachterrasse ein prachtvoller Rundblick über das Zentrum der Stadt geboten werden.

Abb. 32: Wien, Zacherlhaus, Straßenansicht, 2015

Josef Plečnik errichtete auch für private landhausartige Wohnbauten Dachterrassen, wie etwa die Terrasse anlässlich des 1901 bis 1902 erfolgten Umbaus des Hauses Weidmann in Hietzing (13. Bezirk, Hietzinger Hauptstraße 6) (Abb. 33): Oberhalb der beiden Seitentrakte und der neu errichteten Garagenräume im Hof wurde die vom Hof aus mit einer eisernen Freitreppe zu erreichende, von einer hölzernen Pergola beschattete begrünte Terrasse angelegt. Übrigens kaschierte Plečnik das mit Mansarden versehene Dach an der Straßenfassade mit einem üppigen, mit Putti bereicherten, mit Öffnungen zu den Mansarddachfenstern versehenen Attikaaufbau samt Kranzgesims. Durch mehrere Umbauten ab 1921 blieben die beiden Terrassen über den Seitentrakten nicht erhalten, in Resten besteht die Terrasse jedoch mit dem originalen Geländer und erneuertem, pergolaartigem Schutzdach bis heute (99). Auch die ab 1904 erfolgte Umgestaltung und schrittweise Erweiterung des Landhauses der Familie Zacherl durch Plečnik in Döbling (eh. 19. Bezirk, Nußwaldgasse 9, im April 1945 völlig zerstört) bot eine Wohnterrasse: Oberhalb des 1907 neu errichteten verglasten Saales wurde dessen Flachdach als Terrasse vor dem Kinderzimmer im ersten Stock genutzt (100).

Neue Bauaufgaben verlangen nach innovativen architektonischen Lösungen: Den Wettbewerb zur Errichtung des Wiener „Urania-Theaters" als Volksbildungshaus samt Sternwarte entscheidet Max Fabiani für sich und errichtet in den Jahren 1909 bis 1910 den an ein Schiff erinnernden mehrgeschoßigen freistehenden Baublock nahe des Donaukanals (1. Bezirk, Uraniastraße 1) (Abb. 34). Das Dach trägt im Mittelteil ein flaches Zeltdach, seitlich je eine balustradenbegrenzte, obeliskengezierte großzügige Dachterrasse sowie die Kuppel des Turmes der Sternwarte; eine der Terrassen erhielt die Aufga-

Abb. 33: Wien, Haus Weidmann, Foto um 1902, veröffentlicht in: Der Architekt, 9. Jg., 1903, Tafel 2

be einer meteorologischen Station. Die Wiener Urania wurde mehrfach umgebaut und erweitert, das Gebäude und die Dachzone wurden zuletzt durch Dimitris Manikas 2001 bis 2003 umgestaltet (101).

Abb. 34: Wien, Urania, Foto 1913

Im 1913/1914 nach Plänen von Victor Siedek errichteten freistehenden, flach gedeckten Baublock des sogenannten Herrenhofes (1. Bezirk, Herrengasse 10; eh. 6–8/Wallnerstraße 9/Regierungsgasse 1) wurde gleich nach Fertigstellung des Baus die von Eugenie Schwarzwald 1901 in Wien als achtklassiges Mädchenrealgymnasium gegründete sogenannte Schwarzwaldschule in die obersten beiden Geschoße übersiedelt und von Adolf Loos eingerichtet. Loos zeichnete mehrere Male Entwürfe für die Schwarzwaldschule; so um 1912/1914 das Schulprojekt III für den Standort 1. Bezirk, Johannesgasse 3, als sechsgeschoßiges Gebäude samt Flachdach und zwei kleinen Dachgärten. In der undatierten, vor 1918 entstandenen Informationsschrift der Schule in der Herrengasse ist zu lesen: „Zur Schule gehört ein Dachgarten von etwa 1.000 Quadratmetern, der bei gutem Wetter zu Unterrichtszwecken und zu allen Jahreszeiten zum Spielen und Spazierengehen in den Pausen dient." Diese Freifläche ist uns durch mehrere Fotos aus der Zeit vor 1918 und um 1920 überliefert (Abb. 35). Das Flachdach ist gekiest und mit

Abb. 35: Wien, Flachdach der Schwarzwaldschule, Foto vor 1918, veröffentlicht in: O. A., Die Schwarzwaldschen Schulanstalten, Wien, o. J (vor 1918), o. S.

einem Eisengitter eingegrenzt. Es gab offenbar keine Begrünung oder Beschattung dieser Zone. 2008 wurde im Herrenhof ein Hotel eröffnet, das im Zuge der Umbauarbeiten ein neues Dachgeschoß erhielt und die Terrasse daher nicht erhalten blieb (102).

Vereinzelt bestanden tatsächlich als Gärten genutzte Terrassen wie der Dachgarten der Wohnung von Adolf und Mathilde von Lieben im 1872 erbauten Familienpalais Lieben (1. Bezirk, Mölkerbastei 5/Schottengasse 9). Nach seiner Emeritierung im Jahr 1906 übersiedelte Professor Lieben und ließ einen Dachgarten mit Blick in die Währinger Straße einrichten. Zwar besteht die Fläche noch, die Gestaltung ist jedoch längst verloren gegangen und nur durch ein Foto überliefert (103).

INFORMELLES DACHGRÜN NACH 1918

In den Notzeiten nach dem verlorenen Ersten Weltkrieg schildert ein unbekannter Verfasser in einem Zeitungsartikel die bis ins Stadtzentrum angelegten Schrebergärten zum Anbau von Gemüse auf flachen Dächern wie beispielsweise auf Mietwohnhäusern am Parkring und in der Liebenberggasse im ersten Wiener Gemeindebezirk als „ein Kapitel der Not". Die Flachdächer wurden auch zum Luft- und Sonnenbaden genutzt, statt in die teure Sommerfrische zu fahren. Vom Stephansturm aus waren diese Freuden der Großstadtbewohner sichtbar (104).

Findige Bewohner der Großstadt Wien nutzten immer wieder sich bietende Gelegenheiten, sich auf Dächern im Freien aufzuhalten. So besaß der Schriftsteller und Schauspieler Egon Friedell (eigentlich Egon Friedmann, 1878–1938) eine „Art Dachgarten" (18. Bezirk, Gentzgasse 7–9):

> „Wenige kannten Friedmanns Adresse. Er wohnte Gentzgasse 7. Die Zinsburg-Viertel hörten hier auf, die äußeren Villenviertel begannen kurz dahinter. Ganz in der Nähe rasselte, dampfgetrieben, die neue Stadtbahn auf einem Stein- und Eisengerüst vorbei, bei schlechtem Wetter legte sich der Ruß einer Wäscherei und einer Großbäckerei auf die umliegenden Dächer. Friedmanns Wohnung war die schönste im Haus, sie lag im obersten Stock, hatte einen Balkon, und durch eine Luke erreichbar, eine Art Dachgarten. Alle Räume waren groß und geräumig, alle Fenster führten zur Gasse." (105)

Auch die Atelierwohnung des Dichters Heimito von Doderer (1896–1966), die er gemeinsam mit dem Maler Albert Paris Gütersloh bewohnte (8. Bezirk, Buchfeldgasse 6; Doderer war dort 1938 bis 1947 polizeilich gemeldet), besaß eine Dachterrasse, die Doderer 1939 und 1940 Anlass zu Beobachtungen gab, welche der Schriftsteller in seinem 1950 erschienenen Roman „Die erleuchteten Fenster oder Die Menschwerdung des Amtsrates Julius Zihal" als Leitmotiv nutzte (106).

Abb. 36: Wien, Hof des Hauses Marktgasse 32, 1904/1905, Foto von August Stauda, Wien Museum, Inv. Nr. 29116

Selbst bei ärmlichsten Wohnverhältnissen wurden Dachflächen als Kleinstgärten genutzt. Der seit 1882 in Wien ansässige, aus Böhmen stammende Fotograf August Stauda (1861–1928) fotografierte 1904/1905 den Hinterhof eines Wohnhauses (eh. 9. Bezirk, Marktgasse 32), in dem auf dem Pultdach eines Holzbaues einige Pflanzenbehälter standen; eine steile Holztreppe führte zur angrenzenden Wohnung (Abb. 36). 1912/1914 nahm Stauda den Hinterhof eines ebenfalls längst abgebrochenen Wohnhauses auf (eh. 9. Bezirk, Liechtensteinstraße 123), in dem der steil ansteigende Baugrund einige kleine Dachgärten samt einem Salettl trug. Beide Häuser wurden längst abgebrochen (107).

DIE 1920ER UND 30ER JAHRE: DAS FLACHE DACH ALS ZEICHEN DES MODERNEN BAUENS

Die Verwendung von Flachdächern als deutliches Zeichen für eine moderne, zukunftsorientierte Bauauffassung wurde in den Zwanziger und Dreißiger Jahren des 20. Jahrhunderts immer wieder eingefordert: Aus dem Jahr 1920 stammen die Entwürfe von Peter Behrens für das „Terrassenhaus", welches er für den sozialen Wohnbau als einen bis zu vier Geschoße hohen Bau aus miteinander verschachtelten Baukuben vorsah. Jede Terrasse sollte zugleich das Dach des darunterliegenden Geschoßes bilden. Das oberste Geschoß sollte als großer Dachgarten fungieren. Eine reduzierte Umsetzung fand sein Konzept in seiner Beteiligung an der Stuttgarter Weißenhofsiedlung 1927 (108). Der von Behrens für die Gemeinde Wien entworfene Volkswohnungsbau (Franz-Domes-Hof, 5. Bezirk, Margaretengürtel 126–134, 1928–1930) trägt keine Merkmale seiner „Terrassenhaus"-Ideen, auch nicht der von ihm geplante Teilbereich des unter Beteiligung von mehreren Architekten 1924 bis 1925 errichteten Winarskyhofes (20. Bezirk, Winarskystraße 15–21). Schon erwähnt wurde, dass Adolf Loos, der im Bereich der Durchlaufstraße an der Planung des Winarskyhofes beteiligt war, seine Ideen des Terrassenhauses verwirklichen wollte, jedoch unter Protest aus dem Planungsteam ausschied (109).

Siegfried Giedion lässt in seinem 1929 veröffentlichten Buch „Befreites Wohnen" Bilder sprechen: Den Fotos herkömmlicher Bauten stellt er im Sinne des „befreiten Wohnens" gestaltete Neubauten gegenüber (110). In dem von Herbert Hoffmann zusammengestellten Band „Neue Villen. 124 große und kleine Einfamilienhäuser (...) nebst einem Gartenanhang" stellt der Autor fest, dass er gerne „namentlich den Dachgarten mit einer noch größeren Anzahl von Bildern belegt" hätte. Dennoch finden sich in dem Buch etliche deutsche und internationale Beispiele für die Verwendung des Flachdaches als Dachterrasse und Dachgarten (111).

Abb. 37: Brünn, Gartenseite der Villa Tugendhat, 2020

Als wohl eindrucksvollstes Beispiel moderner, großbürgerlicher Wohnkultur in Mitteleuropa steht die von Ludwig Mies van der Rohe für das Ehepaar Grete und Fritz Tugendhat 1929 bis 1930 geplante Villa in Brünn (Tschechien, Brno, Cernopolní 45) (Abb. 37): Auf einer Geländekante errichtet, bietet sie mit ihren Terrassen im oberen Geschoß und mit ihrer weitläufigen, den Schlaf- und Kinderräumen vorgelagerten Terrasse, die zur Beschattung eine mit Polygonum (*Polygonum aubertii*, Schling-Knöterich) berankte Pergola aus Metallstäben erhielt, viele Möglichkeiten des Aufenthaltes im Freien. Die Aussicht erstreckt sich auf den abfallenden Gartenhang bis zur unterhalb liegenden Villa der Eltern von Grete Tugendhat, den Spielberg und die Brünner Altstadt (112). Schon im Frühwerk Mies van der Rohes findet sich die Verwendung von Flachdächern. Auf Wunsch des Auftraggeberpaares Anton Kröller und Helena, geb. Müller, entwarf Peter Behrens 1911 das großzügige Wohn- und Ausstellungshaus des Paares mit Flachdächern in Wassenaar bei Den Haag. Mies van der Rohe, bis 1909 Mitarbeiter von Behrens und von ihm als Bauleiter des vorgesehenen Neubaus bestimmt, löste Behrens jedoch auf Wunsch der beiden Auftraggeber ab und überarbeitete den Entwurf von Behrens unter Beibehaltung der Flachdächer. Allerdings wurde auch dieses Projekt nicht realisiert (113). 1923 entwarf Mies van der Rohe das „Landhaus in Eisenbeton" und 1924 das Landhaus aus Backstein; beide mit Flachdächern versehen, aber nicht realisiert (114). Flach gedeckt ist selbstredend auch der von Mies van der Rohe entworfene und 1929 errichtete Deutsche Pavillon der Internationalen Weltausstellung in Barcelona (115).

Als wichtiger Verfechter moderner Architektur tritt Josef Frank mit seinen Entwürfen, ausgeführten Bauten und zahlreichen Schriften auf, in denen er für die Wahl und die Nutzung des Flachdaches eintritt. Erstmals äußert er sich im Jahr 1924 in dem Beitrag „Dach und Dekoration" dazu, indem er den Dachboden als einen zu untergeordneten Zwecken genutzten Raum sieht:

> „Wenn jemand sagt: ich brauche einen Dachboden, um dort meine Wäsche zu trocknen oder meine Koffer aufzubewahren, so ist dies ein falsches Bauprogramm, das richtig lauten würde: ich brauche einen Raum, der zum Trocknen der Wäsche und zum Aufbewahren von Koffern geeignet ist. (...) Die Architekten hatten an der Form des Daches kein Interesse und zeichneten es nicht einmal in ihre Fassadenpläne ein: es war ein notwendiger Teil des Hauses, der, so gut es ging, nach alter Gewohnheit ausgeführt wurde."

Frank stellt den unaufhaltsamen Wandel der Bauweise in Material und Form fest, gegen den die Heimatschutzvereine Stellung nehmen: „Eine Einheitlichkeit, die innerlich nicht mehr steht, läßt sich nur durch Unterdrückung absichtlich betonter Individualität erreichen, indem die Möglichkeit, diese zu zeigen, genommen wird. Das einzige Mittel, dieser Ungleichheit abzuhelfen, ist die Verwendung des flachen Daches, das man nicht sieht und das die Gleichheit wiederherstellt" (116). Als einziger für den Bau eines Musterhauses eingeladener österreichischer Teilnehmer an der Internationalen Werkbund-Ausstellung, der Weißenhofsiedlung in Stuttgart im Jahr 1927, errichtete Frank ein Doppelhaus. In den gemeinsamen Besprechungen wurde festgelegt, dass alle Bauten eine „gemeinsame Dachform, nämlich das unsichtbare Dach" haben sollten (117). Frank stellt in seinem Artikel zu dieser Mustersiedlung fest: „Die Weißenhofsiedlung wirkt für die Dachform so überzeugend, daß die nebenstehenden älteren Häuser mit Steildach geradezu sonderlich wirken." (118)

1927 veröffentlicht Frank in einem fiktiven Interview auch Fragen zum Flachdach:

„Das flache Dach: F: Das flache Dach ist das Merkmal des neuen Stils wie ehedem der Spitzbogen und die Säule für ihre Zeit. Warum ist es wesentlich? A: Das flache Dach schließt das Haus nach oben eindeutig ab und schaltet Räume aus, die unklar zwischen Deckenbalken und Trämen liegen. Es macht das Haus klar und durchsichtig. F: Hat es auch Vorteile praktischer Art und ist billiger? A: Das auch, aber das ist nicht das Wesentliche. Es gibt vieles andere praktischer Art, um das nicht leidenschaftlich gestritten wird. Der Kampf geht um das Symbol. F: Ist es ein Symbol des neuen Stils? A: Es ist dazu geworden. Und deshalb mag man es dafür nehmen." (119)

Gleichfalls 1927 stellt Frank in seinem Artikel „Das steile Dach ist ein Rest aus dem romantischen Zeitalter" abschließend fest: „Das flache Dach wird dasselbe Schicksal haben, wie alle modernen, neuen Bedürfnissen entsprungenen For-

Abb. 38: Wien, Gartenseite des Hauses Beer, Foto um 1931, veröffentlicht in: Moderne Bauformen, 31. Jg., 1932, S. 91

Abb. 39: Wien, Internationale Werkbundsiedlung, 1932, Plakat

men. Es wird zuerst bekämpft, dann überbetont und schließlich selbstverständlich werden.“ (120)

Gemeinsam mit Oskar Wlach entwirft Frank das 1929 bis 1931 erbaute Wohnhaus für Julius und Margarete Beer als „wohl das bedeutendste Beispiel der Wiener Wohnkultur der Zwischenkriegszeit“ (13. Bezirk, Wenzgasse 12) (Abb. 38) (121). Achleitner verweist auch auf den von Frank 1931 veröffentlichten Aufsatz „Das Haus als Weg und

Platz", in dem die Grundideen zu diesem Haus dargelegt sind: „Ein gut organisiertes Haus ist wie eine Stadt anzulegen mit Straßen und Wegen, die zwangsläufig zu Plätzen führen, welche vom Verkehr ausgeschaltet sind, so daß man auf ihnen ausruhen kann." (122) Während die Straßenfassade nur mit wenigen Tür- und Fensteröffnungen sparsam gestaltet ist, bietet die dem schmalrechteckigen Garten zugewendete Seite des Hauses eine Vielzahl an Terrassen, einen terrassenartigen Balkon und groß dimensionierte Fenster. Dadurch kommt es zu einer engen Verschränkung der Innenräume mit den „Räumen" im Freien und dem Garten. Dem obersten Geschoß ist eine geräumige, von Frank im Grundriss als „Dachterrasse" beschriftete Fläche vorgelegt. Das Flachdach erstreckt sich über den gesamten Baukörper, ist von einer Mauerbrüstung umgeben und unbegrünt (123). Max Eisler meint in seinem 1932 veröffentlichten Beitrag zu diesem Haus: „Gedanke, Empfindung und Form gehen hier voll-

Abb. 40: Wien, Eröffnung der Internationalen Werkbundsiedlung am 4. Juni 1932, Foto von Albert Hirscher, Österreichische Nationalbibliothek, Bildarchiv und Grafiksammlung, Inv. Nr. H 1136/7

kommen zusammen. Und alles wird Raum." (124) Das Haus mit allen Terrassen ist bis heute erhalten.

Vor allem bei der von Josef Frank in die Wege gebrachten und geleiteten Unternehmung des Österreichischen Werkbundes, der Planung der internationalen Ausstellung und Errichtung der 70 Wohneinheiten umfassenden Wiener Werkbundsiedlung 1929 bis 1932, ist das Flachdach Teil des vorgegebenen Bauprogrammes (Abb. 39, Abb. 40). Alle der von über dreißig Architekten und einer Architektin entworfenen Typenhäuser tragen Flachdächer, die aufgrund der Bauordnung betretbar ausgeführt werden mussten. Etliche wurden aber nicht als Dachterrassen ausgebildet. Die Häuser erhalten durch Gartenterrassen im Erdgeschoß, durch Balkone oder Terrassen im Obergeschoß oder Dachgeschoß sowie durch Dachterrassen eine Erweiterung der doch recht geringen Wohnfläche (13. Bezirk, Veitingergasse 71–117 u. a. Gassenzüge) (125). Frank rechtfertigt die Verwendung des Flachdachs an allen Bauten (126) und begründet es: „Bei vielen Häusern erweitern Terrassen und begehbare Dächer den verfügbaren Lebensraum." (127) Zur Festlegung des Flachdaches stellt Frank weiters in einem Beitrag zur Werkbundsiedlung aus dem Jahr 1932 fest:

> „Der Hauptzweck der Flachdächer, die heute so modern sind, ist letztlich die Gleichförmigkeit der Dachlandschaft. Der wesentliche Faktor war eine harmonische architektonische Wirkung durch ähnliche Dachlösungen. Die einander unähnlichsten Häuser vermitteln, sofern sie Flachdächer haben, einen harmonischen Eindruck, wenn man sie nebeneinanderstellt. Flachdächer und elegante glatte Fassaden sind die Grundpfeiler unseres modernen Stils. Sie erlauben es dem zeitgenössischen Architekten, mit den einfachsten Mitteln Häuser zu bauen, die gut in ihre Umgebung passen." (128)

Der Variantenreichtum des Umganges mit dem Flachdach in dieser Mustersiedlung ist groß: Das von Frank entworfene Haus (Woinovichgasse 32) trägt ein Flachdach ohne Dachterrasse, enthält jedoch im Obergeschoß in der gesamten Länge der Wohnraumes eine vorgelagerte breite Wohnterrasse. Das von Josef Hoffmann entworfene vier Wohneinheiten fassende Reihenhaus trägt mit Metallgeländer begrenzte, unbegrünte Dachterrassen (Veitingergasse 79–85) (Abb. 41). Das von Oskar Strnad geplante Doppelhaus (eh. Engelbrechtweg 5–7, im Zweiten Weltkrieg zerstört) erhielt je eine vom Wohnraum aus zugängliche, geräumige, teils überdachte und mit schützenden Wänden abgeschirmte Terrasse im Obergeschoß. Von einer Kammer im zweiten Obergeschoß aus zugänglich, trägt das von Karl Augustinus Bieber und Otto Niedermoser geplante Doppelhaus (Woinovichgasse 28–30) je eine Terrasse, die mit Vorhängen beschattet wurden. Das Doppelhaus von Oswald Haerdtl (Veitingergasse 115–117) weist auf einem der Flachdächer eine große Dachterrasse samt als Atelier bezeichnetem Dachaufbau auf (Veitingergasse 117) (Abb. 42). Hugo Gorge entwirft ein Doppelhaus, dem im Dachgeschoß, das je einen Schlafraum und eine Kammer enthält, je eine Terrasse vorgelagert ist (Woinovichgasse 1–3). Das von Jacques Groag geplante benachbarte Doppelhaus bietet als Dachaufbau je ein Atelier mit beigestellter Dachterrasse (Woinovichgasse 5–7). Richard Neutra erschließt die Dachterrasse seines eingeschoßig konzipierten Hauses über eine eiserne Außentreppe und sieht auf dieser geräumigen Fläche eine aus Metallrohren gefertigte, vielleicht als Rankgerüst gedachte oder als Beschattungsmöglichkeit angelegte leichte Konstruktion vor (Woinovichgasse 5) (Vgl. Abb. 39 rechts oben). Terrassen im Obergeschoß weist der nach Angaben von Adolf Loos durch Heinrich Kulka gefertigte Entwurf der beiden Doppelhäuser (Woinovichgasse 13–19) auf. Gerrit Thomas Rietveld bringt im Dachgeschoß seines vier Wohneinheiten umfassenden Reihenhauses je zwei balkonartige Terrassen pro Wohneinheit unter – eine an der Hausvorderseite, eine an der Rückseite (Woinovichgasse 14–20) (Vgl. Abb. 40 rechts im Bild). Max Fellerer, der ein mit einem Flachdach ohne Dachterrasse versehenes Doppelhaus entwirft (Woinovichgasse 6–8), schreibt einen kurzen Beitrag über das flache Dach in einer Sonderbeilage anlässlich der Ausstellung und weist darauf hin, dass das flache Dach durch entsprechende Vorrichtungen als Garten gestaltet werden könnte (129). Lediglich André Lurçat sieht als Einziger tatsächlich einen Dachgarten auf einer seiner vier Hauseinheiten enthaltenden Reihenhausanlage vor. Die drei weiteren Einheiten besitzen lediglich ein von diesem Dachgarten aus begehbares Flachdach. Der Dachgarten weist schützende Außenwände auf, eine teilweise überdachte betonierte Sitzbank und betoneingefasste Pflanzbeete, die bereits anlässlich der Ausstellung begrünt wurden (Veitingergasse 87; die drei weiteren Einheiten: Veitingergasse 89, 91, 93) (Abb. 43, Abb. 44) (130). Während der Ausstellungsdauer wurden bisweilen Kübelpflanzen auf Balkone und Terrassen der Häuser gestellt. Die meisten der Bauten der Wiener Werkbundsiedlung blieben erhalten (131).

Aus der großen Anzahl an Bauten, die im Wiener Raum abseits der Wiener Werkbundsiedlung ab den Zwanziger Jahren des 20. Jahrhunderts mit Flachdach errichtetet wurden, seien nur einige wenige ausgewählt, um das stark zunehmende Interesse am Genuss eines Freiraums in lichter Höhe im Anschluss an die Wohnung aufzuzeigen (132): Margaret (Margarethe) Stonborough-Wittgenstein lässt sich ab 1926 durch ihren Bruder Ludwig Wittgenstein unter Beteiligung des Architekten Paul Engelmann, dem ersten Privatschüler der 1912

Abb. 41: Wien, Internationale Werkbundsiedlung, Gartenseite der Häuser Nr. 9 und 10 der insgesamt vier Wohneinheiten umfassenden Reihenhausanlage (Veitingergasse 79–85) von Josef Hoffmann, Foto um 1932

gegründeten Bauschule von Adolf Loos, ein Wohnhaus errichten (3. Bezirk, Kundmanngasse 19/Parkgasse 18) (Abb. 45). Das 1928 fertiggestellte Haus enthält außer zwei Terrassen im Erdgeschoß mit Freitreppe in den Privatpark im zweiten Obergeschoß zwei weitere Terrassen und ein unbegrüntes Flachdach. Sämtliche Terrassen sind erhalten, das ehedem größere parkartige, vom Haus über die beiden südöstlich gelegenen Terrassen im Erdgeschoß zugängliche Grundstück wurde um 1975 deutlich verkleinert (133).

Ein weiterer Teilnehmer der privaten Bauschule von Adolf Loos, Helmut Wagner-Freynsheim, entwirft 1929 eine geräumige Villa für den Wiener Bankier und Kunstsammler Stefan (von) Auspitz. Dieser hatte zunächst den Wunsch nach einem Haus im Alt-Wiener Stil, ließ dann aber den von Wagner-Freynsheim vorgeschlagenen Entwurf einer modernen Villa erbauen (19. Bezirk, Wallmodengasse 10) (Abb. 46) (134). Leopold Rochowanski berichtet nach der Baufertigstellung in einem mit Fotos illustrierten Artikel über dieses terrassenreiche Haus:

Abb. 42: Wien, Internationale Werkbundsiedlung, die Doppelhaus-Anlage von Oswald Haerdtl in der Veitingergasse 115 und 117, 2013

„Die verbaute Fläche beträgt 155 Quadratmeter, doch durch die Terrassen und das flache Dach wurde die Wohnfläche fast verdoppelt. Die Wohnterrasse im Parterre ist teilweise verglast, ebenso die dem Schlafzimmer im ersten Stock vorgelagerte Terrasse, die im Sommer auf bequeme Weise zum Schlafraum gemacht werden kann. (…) Von den Terrassen wäre noch hinzuzufügen, daß jene vor dem Schlafzimmer mit blauen Fliesen ausgelegt ist. (…) Der Boden der Wohnterrasse, der sich über dem Wohnzimmer befindet, ist in Mustern gelegt, und zwar in weiß, terrakottagelb, mausgrau und schwarz. Diese Terrasse ist geschaffen zur behaglichen Ruhe und zu gesellschaftlichem Beisammensein. Die zweite Terrasse, die über den Schlafräumen und auch über dem Bad des ersten Stockes liegt, ist mit einem Plantschbecken in nilgrüner Verfliesung versehen und verfügt über Kalt- und Warmwasser. Die Pflasterung ist terrakottafarben mit grau-schwarzen Gehstreifen. Die drei oberen Terrassen haben einen gemeinsamen Leuchtmast mit einem scheibenförmigen Beleuchtungskörper. Der Mast dient zugleich auch als Blitzableiter. (…) Der Stufenrhythmus des Hauses setzt sich

Abb. 43: Wien, Internationale Werkbundsiedlung, Reihenhausanlage von André Lurçat in der Veitingergasse 87–93, Foto 1932

Abb.: 44: Wien, Internationale Werkbundsiedlung, Dachgarten des Hauses Veitingergasse 87–93, Foto um 1932, veröffentlicht in: J. Frank (Hg.), Die Internationale Werkbundsiedlung Wien 1932, Wien 1932, Abb. 103

Abb. 45: Unbezeichnet, „Ansicht des Hauses (Wittgenstein) von der Ecke Parkgasse–Geusaugasse", um 1926, Zeichnung (Paul Engelmann oder Jacques Groag), Wien, Baupolizei, Magistratsabteilung MA 37, Einreichplan, Bauakt

im Garten fort, dessen Schönheit außer alten Bäumen und Rosensträuchern nur glatte Rasenflächen sind. (…) Überraschend ist der Rundblick von den Licht- und Luftplätzen, als die man die oberen Terrassen bezeichnen kann. Nicht nur über die Stadt Wien geht der Blick, auch über die wundervollen Weinberge von Grinzing und von Neustift schweift er hin, hinauf zum Kahlenberg und zum Hermannskogel, an klaren Tagen sogar bis zum Schneeberg." (135)

Das Haus und die Terrassen blieben, allerdings teils stark umgebaut, erhalten.

Von Arnold Karplus 1929 entworfen, stellt die Villa Krásny gemeinsam mit dem von der Arbeitsgemeinschaft „Haus und Garten" (Josef Frank, Oskar Wlach) geplanten Garten ein bis heute gut erhaltenes Ensemble bürgerlich-aufgeklärt-modernen Wohnens der Zeit um 1930 dar (19. Bezirk, Fürfanggasse 5). Das Haus weist einige gartenseitig orientierte Terrassen bis zur plattenbelegten Dachterrasse auf. Von dieser Ebene, deren schattenspendendes pergolaartiges

Abb. 46: Wien, Haus Auspitz, Dachgarten mit Bad, Foto um 1930, veröffentlicht in: Deutsche Kunst und Dekoration 67. Jg., 34. Bd./1. Teilband., Okt. 1930–März 1931, S. 57

Dach nur mehr zum Teil erhalten ist, führt eine Eisentreppe zu einem kleinen holzbelegten Aussichtsplatz an den Kaminmauern oberhalb (Abb. 47) (136).

Für Vasco und Elise Dos Santos wird 1929 bis 1930 die Villa Dos Santos von Karl Hofmann und Felix Augenfeld (Augenfeld war Teilnehmer an der Bauschule von Adolf Loos) mit einem 1930 von Albert Esch geplanten großen Wohngarten errichtet (18. Bezirk, Sternwartestraße 57 D) (Abb. 48). Die Villa steht auf dem höchsten Punkt des Grundstücks und zeichnet sich durch ihren vom Erdgeschoß bis ins oberste Geschoß untergebrachten Terrassenreichtum aus. Esch plant die reich bepflanzten „Blumenterrassen", die das Haus an der Südwest- und Westseite begleiten und dem abfallenden Terrain folgen. Zwei Außentreppen laufen zur ums Eck geführten breiten Terrasse zu den im erhöhten Erdgeschoß liegenden Wohnräumen; im ersten Stock sind ein Balkon sowie zwei Altanen untergebracht, die der Wohnterrasse unterhalb Schatten und Schutz spenden. Das Flachdach trägt eine großzügige mit Kunststeinplatten verlegte Dachterrasse und einen flachgedeckten, zwei Dienerzimmer und einen weiteren Raum enthaltenden Bau samt schattenspendendem Dach (137). Sowohl Max Eisler wie Karl Maria Grimme stellen die enge und geglückte Verschränkung von Haus und Garten fest, zunächst Eisler:

> „Das Gelände fällt gegen Süden, also gegen den Garten, ziemlich stark ab. Infolgedessen sind, um den Unterschied der Niveaus auszugleichen, der Gartenseite des Hauses Terrassen vorgelagert, die über Treppen zu dem gleichfalls terrassenförmigen Blumengarten führen, den endlich der freie Wiesenplan aufnimmt. Auch diese allmähliche Überleitung vom Haus zum Garten und zur Landschaft ist sehr schlicht und glücklich geraten. Das Gebäude ist gegen den Garten nicht nur aufgeschlossen, sondern auch lebhaft gegliedert und bis zum flachen Dach von offenen Lauben und Plattformen begleitet.“ (138)

Abb. 47: Wien, Dachgeschoß der Villa Krásny, Foto um 1930, veröffentlicht in: Moderne Bauformen, 29. Jg., 1930, S. 434

Abb. 48: Wien, Terrassen der Villa Dos Santos, Foto um 1931, veröffentlicht in: Moderne Bauformen, 30. Jg., 1931, S. 508

Nun Grimme:

> „Diese Anlage ist gleichzeitig ein ideales Beispiel des glücklichen Zusammenarbeitens von Bau- und Gartengestalter. Gartenarchitekt Albert Esch hat nämlich die Grundgedanken des Hauses in den Garten fortgesetzt und damit jenen Rahmen geschaffen, der dem Haus zu gesteigerter Wirkung verhilft. Im Anschluß an die Parterre-Terrasse ist auch die nächste Umgebung des Hauses terrassiert. Der Garten wird zu einem Teil des Hauses und das Haus wieder zu einem Teil des Gartens. Steinerne Wegarme greifen dann noch weiter in das Gelände und verankern das Haus gleichsam im Grundstück. Der Übergang von wenig gestalteten Flächen zum Haus findet somit allmählich statt. Stärkster architektonischer Ausdruck wird dadurch das Haus selbst (…)" (139)

Eine Unterscheidung wird in der Anwendung des Terrassenbelages vorgenommen. Während die direkt ans Haus grenzenden Terrassen und die Dachterrasse aus großen quadratischen Kunststeinplatten bestehen und der Balkon und die beiden Altanen schachbrettartig verlegte kleine Fliesen tragen, lässt Albert Esch die Terrassen und Wege im Garten mit unregelmäßig großen Natursteinplatten belegen. Das Haus und der Garten wurden im vierten Viertel des 20. Jahrhunderts baulich erneuert.

1929/1930 entwarf Kurt Klaudy für den Bauherrn Viktor Kadiera ein Dreifamilienhaus, das zwei Mietwohnungen im Hochparterre und die Hausherrenwohnung samt einer Terrasse und einem Balkon im ersten Stock umfasste. Dazu gehörte auf der gesamten Flachdachfläche eine weitläufige Dachterrasse mit von Mauern umgebenem Sonnenbad und Dusche (17. Bezirk, Braungasse 38). Abgeschrankt durch eine Brüstungsmauer gewährt sie einen weiten Blick auf die Großstadt und die umgebenden Wienerwaldberge (Abb. 49) (140). Das Haus und die Dachterrasse sind erhalten.

Als Vertreter der architektonischen Avantgarde setzt Walter Loos in den von ihm bis zu seiner Emigration im Jahr 1938 entworfenen und errichteten Einfamilienhäusern und Siedlungsbauten stets das Flachdach als deutliches Zeichen

Abb. 49: Wien, Dachterrasse des Hauses Kadiera, Foto 1935, Österreichische Nationalbibliothek, Bildarchiv und Grafiksammlung, Inv. Nr. 110.276-C

Abb. 50: Kritzendorf, Dachterrasse des Hauses Luser, Foto um 1933, veröffentlicht in: Moderne Bauformen, 32. Jg., 1933, S. 92

fortschrittlicher Bauauffassung – des „Modernen Bauens“ – ein. Ein besonders charakteristisches Beispiel ist das für den Verleger konservativer und völkisch-nationaler Schriften Adolf Luser 1930 bis 1932 verwirklichte großzügige Wochenendhaus hoch oberhalb der Donau nahe bei Wien (Niederösterreich, Kritzendorf, Hauptstraße 82 A) (Abb. 50). An der höchsten Stelle des in vier Terrassen abfallenden, von Josef Oskar Wladar gärtnerisch gestalteten Grundstückes steht der weiße Kubus des Hauses. Während das Erdgeschoß mit einer bruchsteinplattenbelegten Gartenterrasse versehen ist, besitzt das Wohngeschoß eine Terrasse mit Außentreppe zum Garten. Bekrönt wird das Haus von einem als Dachterrasse ausgebildeten Flachdach samt Dusch- und Umkleideplatz sowie einem Speiseaufzug. Von den Terrassen ist eine weite Aussicht über das Augebiet und den Donaustrom bis zum Bisamberg und zur Landschaft östlich und nordöstlich der Donau gegeben. Im 1936 veröffentlichten Beitrag der Schriftstellerin Gisela Urban, „Haus in einer Stromlandschaft“, wird die Aussicht überschwänglich beschrieben:

> „Entsteigt das leichte und doch schutzverheißende Gemäuer der Anhöhe, von der der Blick weit über das Land schweifen kann, in dessen Sohle die Donau, sanft eingebettet, rauscht, nicht wie aus tiefer Verwurzelung? Man kann in diesem Haus beliebig wo stehen, sitzen, ruhen; immer kann das Auge das Himmelslicht trinken, den Horizont dort, wo er Berge und Wälder küßt, umfangen, immer kann das Ohr inmitten köstlicher Ruhe die wohltätig anregenden Stimmen der Natur vernehmen.“ (141)

Bemerkt werden soll das Paradoxon, dass sich der Bauherr Adolf Luser trotz seiner konservativ-nationalistischen Gesinnung, die er bis zu seinem frühen Tod im Jahr 1941 in seinem Verlag durch die Herausgabe von Büchern, Zeitungen und Zeitschriften vertrat (zu nennen ist vor allem die völkisch-national orientierte, 1923 von Luser gegründete Familien- und Kunstzeitschrift „Der getreue Eckart“), vom politisch links stehenden Architekten Walter Loos dieses Refugium entwerfen ließ. Max Eisler, der 1933 einen reich bebilderten Beitrag zum Haus Luser veröffentlicht, meint: „Die schöne Freiheit, die es (Anm.: das Haus Luser) zeigt, ist zu einem gewissen Teil auch auf die Intelligenz des Bauherrn zurückzuführen, der den Künstler gewähren ließ, jedenfalls liegt hier ein besonders klares Beispiel dafür vor, wie sehr ein gutes, auf Verständnis und Vertrauen beruhendes Einvernehmen beider Teile dem Baue zustatten kommt.“ (142) Der deutschnational gesinnte österreichische Schriftsteller und Dichter Heinrich von Bohn nennt seine im „Getreuen Eckart“ 1937/1938 veröffentlichten „Gedanken zum Werk des Architekten Walter Loos“ „In Schönheit wohnen“. Eines der Fotos des (als solches nicht bezeichneten) Hauses Luser trägt die Bildunterschrift: „Ist es nicht das ‚weiße Haus am Meer‘ unserer Träume? (…) Der menschlichen Sehnsucht, in Schönheit zu wohnen, wurde hier durch den Architekten eine neue Form gegeben.“ (143) Das Haus und der teilweise erneuerte Garten blieben erhalten (144).

Als hervorragendes, leider nicht mehr bestehendes Beispiel moderner Bauauffassung muss das Gästehaus der Villa Hériot in Wien genannt werden (eh. 2. Bezirk, Rustenschacherallee 30) (Abb. 51). Das 1907 errichtete Wohnhaus wurde vor 1932 von Fritz Reichl für (Graf) Auguste-Olympe Hériot und seine Frau Hilda, geb. (Gräfin) Auersperg, umgebaut. Das Haus erhielt eine Vorfahrt, einen Wintergarten im Parterre und mehrere Terrassen im Erdgeschoß und ersten Stock. Komplettiert wurde das Ensemble durch moderne Interieurs und einen Badepavillon beim neu errichteten Schwimmbecken (145). Als Abschluss des weiten Gar-

Abb. 51: Wien, Gästehaus der Villa Hériot, Foto um 1933/1934

tens entwarfen die beiden Weimarer Bauhaus-Schüler Franz Singer und Friedl Dicker das 1932 bis 1934 erbaute Gästehaus auf den Grundmauern eines aus dem 19. Jahrhundert stammenden Gebäudes. Den Gästeräumen im ersten Geschoß wurden von Fritz Reichl geplante, große, teils überdachte, mit Kunststeinplatten belegte Terrassen vorgelagert, von denen eine gewundene Freitreppe zur großen Dachterrasse samt kleinem überdachten Sitzplatz und Fechtboden führte. Abgeschrankt war die Terrasse teils durch Blumenwannen, teils durch ein Geländer. Nach im Zweiten Weltkrieg zugefügten Schäden wurden die Villa und das Gästehaus um 1960 abgetragen und das gesamte Grundstück mit Mietwohnhäusern verbaut (146).

Als Sonderformen des Wohnbaues seien die in den Zwanziger und Dreißiger Jahren des 20. Jahrhunderts zahlreich errichteten, meist flachgedeckten Wochenendhäuser in unmittelbarer Nähe zur Großstadt Wien in der reizvollen Lage an der Donau genannt. So entwarf Ernst Schwadron für das Ehepaar Erna und Franz Lederer das 1928 erbaute, 2011 abgebrochene Strandhaus in Greifenstein bei Wien, das, leicht erhöht über dem Donaustrand errichtet, auf kleinstem Hausgrundriss ein begehbares Flachdach erhielt (Abb. 52). Der turmartige, den Wasserspeicher tragende Bauteil anbei war ebenfalls betretbar und trug eine Fahnenstange (147).

Abb. 52: Greifenstein, Wochenendhaus Lederer, Foto um 1930, veröffentlicht in: J. G. Wattjes (Hg.), Moderne villa's en landhuizen in Europa en America, Amsterdam 1930, Abb. 94

Experimentelle Wohnformen haben entsprechende neuartige Planungen zur Folge: So entwirft Otto Polak-Hellwig in Wien ab 1921/1922 den 1926 nach seiner Fertigstellung durch Carl Witzmann rund 250 Wohnungen umfassenden „Heimhof" (15. Bezirk, Pilgerimgasse 22–24/Johnstraße 52–54/Oeverseestraße 25–29/Wurmsergasse 45) (Abb. 53, Abb. 54). Für berufstätige Einzelpersonen und Paare wird dieses Einküchenhaus in genossenschaftlicher Selbstverwaltung organisiert. Neben zahlreichen gemeinschaftlichen Wirtschafts- und Gesellschaftsräumen werden große gemeinschaftliche Hofflächen und Dachterrassen mit hölzernen Pergolen angeboten. Der langgestreckte Trakt an der Südseite der Gesamtanlage stellt den doch gering bemessenen, 28 bis 30 Quadratmeter umfassenden Wohnungen eine plattenbelegte Dachterrasse zur Verfügung. Nach dem „Anschluss" Österreichs an das Deutsche Reich im Jahr 1938 wurde dieses Wohnexperiment jedoch beendet und nicht wieder aktiviert (148). Der Heimhof mit seinen Terrassen blieb bis heute bestehen.

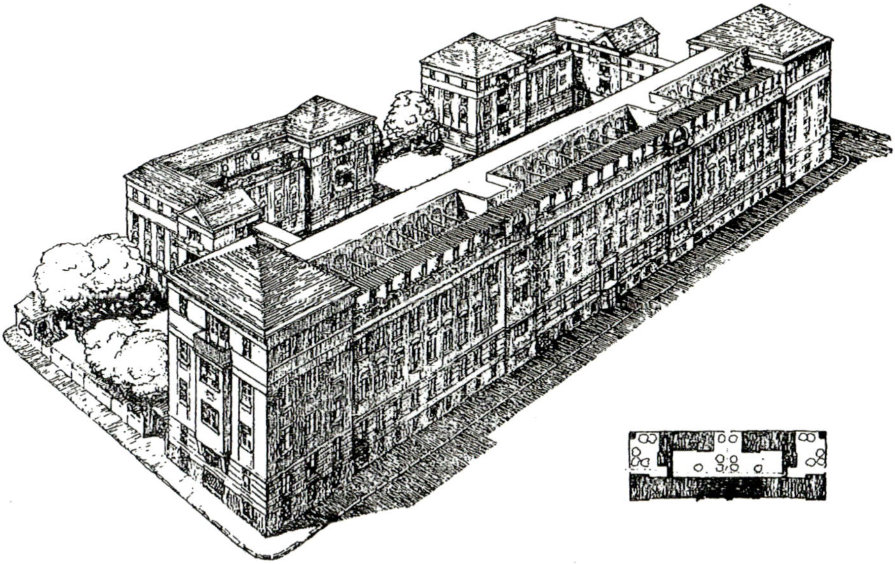

Abb. 53: Otto Polak-Hellwig, Entwurf zum Familienküchenhaus „Heimhof", um 1921, veröffentlicht in: Allgemeine Bauzeitung, Jg. 1924, 8. Nr., 5.6.1924, S. 7

Abb. 54: Wien, Heimhof, 2013

Abb. 55: Wien, Ansicht des Fuchsenfeldhofes, Foto um 1927, veröffentlicht in: Gemeinde Wien (Hg.), Das neue Wien. Städtewerk, 3. Bd., Wien 1927, S. 99

Im umfangreichen, unter Beteiligung verschiedenster Architekten ab 1922 durchgeführten Programm des Wiener Volkswohnungsbaues („Gemeindebauten") waren Flachdächer nicht vorgesehen, jedoch zur Verbesserung der Wohnverhältnisse Terrassen, Balkone, Erker und Loggien ausdrücklich erwünscht (149). Lediglich auf einzelnen Bauteilen der Wohnhäuser wurden Terrassen oder Flachdächer angebracht, Beispiele dafür sind etwa: der Fuchsenfeldhof (12. Bezirk, Am Fuchsenfeld 1–3, Architekten Heinrich Schmid, Hermann Aichinger), 1924 bis 1925 mit Terrassen vor einzelnen Wohnungen und einer großen Spielterrasse des Kindergartens errichtet (Abb. 54); weiters der George-Washington-Hof (10./12. Bezirk, Untere Meidlinger Straße 1–12, Architekten Karl Krist, Robert Oerley, Gartenarchitekt Otto Gälzer), 1927 bis 1930 mit Dachterrasse über der Arbeiterbibliothek (heute: Pensionistenclub) im Fliederhof (Karplusgasse) sowie einem Flachdach über dem eingeschoßigen Waschküchenbau im Akazienhof an der Wienerbergstraße erbaut.

Von Siegfried Theiss und Hans Jaksch ab 1930 entworfen und 1931 bis 1932 errichtet, besitzt das sogenannte „Hochhaus" als erstes tatsächlich realisiertes Wiener Beispiel für diese Bauaufgabe bis zu sechzehn Geschoße (1. Bezirk, Her-

Abb. 56: Wien, Hochhaus, Luftaufnahme um 1970

rengasse 6–8/Fahnengasse 2/Wallnerstraße 5–7) (Abb. 56). Der Wohn- und Geschäftshauskomplex weist an der Ecke Herrengasse/Fahnengasse den turmartigen sechzehn Geschoße enthaltenden, 53 m hohen Hauptbau auf. Auf Verlangen der Baupolizei musste dieser ab dem zwölften Stockwerk wegen des Lichteinfalls in der engen Herrengasse abgetreppt gestaltet werden (Abb. 57). Diesen obersten Geschoßen vorgelagert ist pro Stockwerk eine umlaufende Dachterrasse. Zuoberst wurde im Jahr 1935 ein Caférestaurant und Tanzcafé mit ehedem zu öffnender gläserner Kuppel eröffnet. Es bot einen weiten Rundblick über die Stadt (Abb. 58). Die obersten zwei Geschoße sind in Stahl-Glas-Bauweise ausgeführt. Die Flachdächer des Baukomplexes sind allerdings nicht als begehbar und nutzbar konzipiert. Die großartige Aussicht vom Hochhaus auf die Altstadt beschreibt Theodor F. Meisels im Jahr 1936 (150). Harsche Kritik am Hochhaus äußert jedoch Josef Frank 1931 (151). Das Gebäude besteht nach wie vor, das Café wurde aufgelassen.

Abb. 57: Wien, Hochhaus, Ansicht der turmartigen Dachgeschoß-zone, um 1932, Foto von Bruno Reiffenstein, Österreichische Nationalbibliothek, Bildarchiv und Grafiksammlung, Inv. Nr. R 8820 D

Abb. 58: Wien, Hochhaus, Blick vom Restaurant Richtung Stephansdom, Foto um 1935

Abb. 59: Wien, Die Terrasse des Kahlenberg-Restaurants mit Blick zur Donau, Foto 1936

Nicht verwirklicht wurde das von der Gemeinde Wien 1929 ausgeschriebene Wettbewerbsprojekt eines Hochhauses auf den Gründen des Währinger Bürger-Versorgungshauses (9. Bezirk, Ecke Währinger Straße/Spitalgasse). Das Projekt sah begehbare Dächer vor (152).

Als Gegenbeispiel für den Typus der gastgewerblich genutzten Terrasse sei – im Unterschied zum „Hochhaus" in der dichtverbauten Großstadt – auf die Anlage des einstigen Kahlenberg-Restaurants (19. Bezirk, Am Kahlenberg 1, 2, 3) hingewiesen. Es wurde völlig freistehend auf einem der eindrucksvollsten Aussichtspunkte mit weitem Blick über die Wiener Stadtlandschaft errichtet (Abb. 59). Erich Boltenstern gewann 1935 den zweiten von der mehrheitlich im Besitz der Stadt Wien stehenden Kahlenberg AG ausgelobten Wettbewerb zur Errichtung eines Großrestaurants. Es sollte anstelle des 1872 bis 1873 errichteten Kahlenberghotels entstehen. Schon zahlreiche der 1933 eingereichten 148 Projekte des ersten, ein Großhotel, Restaurants, ein Freilichttheater und Sportanlagen umfassenden Wettbewerbes sahen Flachdächer, Dachterrassen und Terrassen vor (153). Auch eines der beiden ersten Preisträgerteams, Leopold Ponzen und Erich Boltenstern, entwarf ein langgestrecktes Gebäude mit Terrassen, von denen man einen weiten Blick über ganz Wien haben sollte. Nach Plänen von Boltenstern wurde schließlich unter Mitarbeit von Eugen Wachberger im Dezember 1935 das Kahlenberg-Restaurant mit mehreren, verschiedenen Ansprüchen dienenden und unterschiedlich aufwendig ausgestatteten Sälen eröffnet. Auf drei Ebenen mit teils überdachten Terrassen und einer Dachterrasse gewährte es bis zu 4.500 Gästen Platz. Mehrfach modernisiert, aber im Kern erhalten geblieben, bot dieses Ausflugsrestaurant mit seinen öffentlich zugänglichen Terrassen lange Zeit hindurch eine prächtige Aussicht auf die Stadt und das Umland. Nach einem fast vollständigen Neubau (2003 bis 2007) als Privatuniversität, Gastronomiebetrieb und benachbartes Appartement-Hotel blieb im Vergleich zu den einstigen Terrassen nur ein schmaler Bereich als neu angelegte Aussichtsterrasse öffentlich zugänglich (154).

EXKURS: DER KLEINE DACHGARTEN FRIEDINGER

In Erinnerung gerufen und mit einigen Fakten aktualisiert und ergänzt werden soll der in der Fachliteratur bereits mehrfach besprochene Dachgarten des Architekten Egon Karl Friedinger (1896–1970) und seiner Frau Maria (1901–1990) (Abb. 60) (155). 1927 zog Friedinger in das 1906/1907 nach Plänen von Georg Berger erbaute mehrgeschoßige Mietwohnhaus (3. Bezirk, Dannebergplatz 11; eh. Arenbergring 11) (156). Nach seiner Heirat 1930 richtete er 1931 anstelle eines fotografischen Ateliers eine Wohnung, ein Büro und ein Atelier für sich und seine malende Frau ein. Das von der Wohnung aus zugängliche Presskiesdach unterhalb des Dachgeschoßes, das einst vom Fotografen zu Aufnahmen im Freien verwendet worden war, nutzte er zur Anlage eines bis heute, wenn auch verändert bestehenden Dachgartens (Abb. 61) (157). Friedinger veröffentlichte mehrere Beiträge über diesen eigenen, von ihm als „Notlösung“ bezeichneten Garten, um vielleicht Aufträge zur Planung solcher Gärten zu erhalten (derzeit ist jedoch kein weiterer von ihm geplanter Dachgarten fassbar). Bereits 1932 ist in der englischen Fachzeitschrift „The Architectural Review“ der Dachgarten in einem kurzen Beitrag über Dachgärten und Terrassen gemeinsam mit einem von Richard Neutra geplanten flachgedeckten Sanatorium in Los Angeles und dem von Gabriel Guevrekian entworfenen Terrassengarten der Villa Noailles in Hyères abgebildet. Im Text erhält er die Bemerkung, dass er für einen der zahlreichen von André Lurçat in Paris entworfenen Dachgärten gehalten wer-

Abb.: 60: Wien, Dachgarten Friedinger, um 1933, Foto von Egon Friedinger, veröffentlicht in: Das schöne Heim, Jg. 1933, 1. Heft (Oktober), S. 12

den könnte (158). In einem 1934 veröffentlichten Interview mit der Journalistin Rose Poor Lima meint Friedinger auf die Frage, warum in Wien so wenige Dachgärten bestünden, dass die Wiener die „traulichen Steildächer" schätzen würden. Er könnte sich aber bei entsprechend mit neuer Dachhaut errichteten Häusern eine neue Stadt – eine „Dachgartenstadt" – vorstellen. Ein Vorteil der Dachbegrünung sei der Schutz vor Überhitzung. Außerdem böte er Platz zur Erholung und eine weite Aussicht (159).

Der von Friedinger geplante Dachgarten ist auf rechteckiger Grundfläche angelegt und liegt hoch über den begrünten Innenhöfen der großbürgerlichen, im ersten Jahrzehnt des 20. Jahrhunderts geschaffenen Randverbauung um den einstigen Arenbergpark. Von einer brusthohen Betonmauer – sie wurde geschaffen, indem das vorhandene Drahtgitter der Brüstung mit Beton verstrichen und grob verputzt wurde (160) –, der Treppenhausmauer und einer höheren Mauer samt den anschließenden hohen Hauskaminen umgeben, ist das Geviert zweigeteilt: Die eine Hälfte ist mit quadratischen Platten (Anm.: Kunststeinplatten) belegt und trägt ein Wasserbecken samt Springbrunnen, die andere Hälfte dient als Rasenfläche. Längs der Wände liegen bepflanzte Beete, in denen auch einige Selbstklimmer zur Begrünung der Wände gedeihen. In einem Artikel 1933 schildert Friedinger das größte Problem der Begrünung in luftiger Höhe wie folgt:

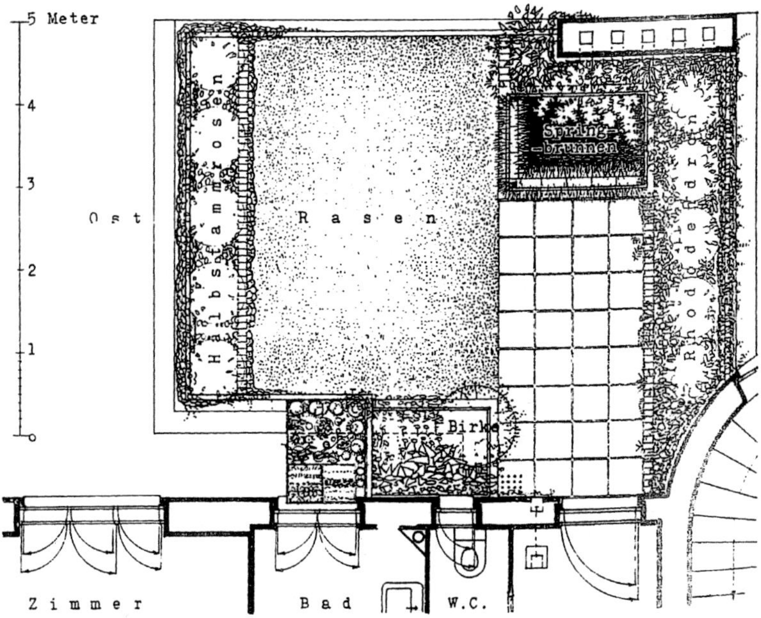

Abb. 61: Wien, Grundriss des Dachgartens Friedinger, um 1933, Zeichnung von Egon Friedinger, veröffentlicht in: Das schöne Heim, Jg. 1933, 1. Heft (Oktober), S. 12

> „Dessen gefährlichster Feind ist der ständige Wind, der in kurzer Zeit auch eine relativ hohe Erdschicht auszutrocknen vermag. Aus diesem Grunde wurde an der Westseite (Anm.: die wetterexponierteste Seite in Wien) der Terrasse eine 2 m hohe Schutzwand errichtet, die den freistehenden Schornstein mit der Hausmauer verbindet." (161)

Außerdem nennt er das möglichst standortgerecht und gemäß den unterschiedlichen Bedingungen der vier Himmelsrichtungen ausgewählte Pflanzenmaterial: „Kaminpfeiler, Windschutzwand, Stiegenhausmauer und die Ostbrüstung wurden mit Ampelopsis (162) und Feitchii (sic) bepflanzt." (163) Maria Friedinger gibt in ihrem 1982 verfassten Beitrag den Pflanzennamen Ampelopsis Veitchii an (164). Friedinger beschreibt die Bepflanzung im Weiteren:

> „Die Westseite (ist) mit Rhododendron zwischen Gladiolen und Lilien, längs der Rollschar mit niederen Sommerblühern, die Kaminseite mit Goldregen und Flieder, im Schatten der Brüstung mit Akelei, Zyklamen und Veilchen bepflanzt. Die Ostseite ist mit Halbstammrosen, der Rand

mit Nelken und Frühjahrsblühern bedeckt. Die Erdwanne war mit Sonnenblumen, Sommerzypressen und Calla bestanden. Die Bepflanzung des Bassins besteht aus Cyperus alternifolius, Scirpus, Sagittaria und Iris." (165)

Im Jahr 1936 hält Friedinger in einem Interview die drei für ihn unabdingbar für das Gedeihen des Dachgartens nötigen Begriffe „Verständnis, Geduld und Zeit" fest. (166) Wesentlich ausführlicher stellt Friedinger seinen Dachgarten 1938 in der deutschen Zeitschrift „Gartenschönheit" unter dem treffenden Titel „Gartenschönheit in luftiger Höhe" vor:

„Man versuchte, eine (...) vorgelagerte Terrasse in einen kleinen Wohngarten zu verwandeln. Die Bilder aus verschiedenen Jahren des nunmehr sechsjährigen Bestehens des Dachgartens sollen zeigen, was aus solcher Kieswüste bei sachgemäßer Anlage, einiger Aufmerksamkeit und etwas Verständnis, aber ohne nennenswerte Geldmittel, gemacht werden kann." (167)

Detailliert geht Friedinger auf den nötigen technischen Aufbau, auf die Wahl und Pflege der Bepflanzung sowie auf die Vorteile der Begrünung für das Mauerwerk des Gebäudes ein. Und wie ist es um den Nutzen für die Bewohner bestellt? Auch dazu gibt Friedinger Auskunft:

„Diese kleine grüne Insel im Geschiebe des Dächermeeres soll Gelegenheit zu Luft- und Sonnenbad für die Bewohner des Wohnateliers bieten, Sitz- und Ruhegelegenheit im Grünen und nach der Arbeit unter dem schwülen Dach, in den warmen Hochsommernächten das Schlafen im Freien gestatten. Der Erfüllung dieser Bedürfnisse entspricht die auf Ruhe und Weiträumigkeit gerichtete Neugestaltung in der Bindung allzu bewegter Mauerkonturen, Gliederung der Flächen und Wahl der Pflanzstellen, unter Verzicht auf jede wie immer getarnte Romantik. Der besondere Reiz der Anlage wurde in der Wahl und dem leicht möglichen, jährlichen Wechsel der Bepflanzung, der auch aus gärtnerischen Gründen angezeigt ist, gesucht und auch gefunden." (168)

Dieser Beitrag ist mit einem Grundriss, zwei Schnitten und mehreren Fotos versehen: „Wer nicht weiß, woher sie (Anm.: die Bilder) stammen, könnte meinen, sie wären ein Teil eines auf ebener Erde gelegenen Gartens, und sie lassen wohl ahnen, wie groß die Freude der Besitzer an diesem in so luftiger Höhe gelegenen stillen Garten ist." (169) Dieser Garten wurde in Fachbüchern und Fachzeitschriften auch von anderen Autoren vorgestellt (170). Der Münchner Architekt Guido Harbers widmet dem Dachgarten Friedinger in der zweiten Auflage des in vier Auflagen 1933, 1937, 1952 und 1955 erschienenen Buches „Der Wohngarten" drei Seiten mit fünf Fotoaufnahmen, einem Grundriss und einem Schnitt durch den Dachgarten, der den Aufbau des Flachdaches und des Gartens wiedergibt. Harbers stellt anerkennend fest: „Vom Gesichtspunkt des räumlichen ‚Wirkungsgrades' ist der hier gezeigte Dachgarten wohl ein besonders treffendes Beispiel. (…) Trotz dieser weitgehenden Unterteilung (Anm.: der kleinen Grundfläche) und Belebung durch die verschiedenen Gartenelemente wirkt das Ganze ruhig und geschlossen." (171)

Das in drei Auflagen ab 1939 erschienene reich bebilderte, vom deutschen Verleger Herbert Hoffmann herausgegebene Buch „Garten und Haus. Die schönsten deutschen und ausländischen Wohngärten und ihre Einbauten" zeigt in den ersten beiden Auflagen zwei Fotos der Anlage samt Kurzbeschreibung:

> „Mitten hinein in die Großstadt, nämlich nach Wien, führt dieser kleine Dachgarten. Der Architekt Egon Friedinger legte ihn vor eine Atelierwohnung, an die ein niedrigerer Seitenflügel mit Presskiesdach anstieß. Auf nur 26 cm Erdreich, aber mit Mauerschutz gegen austrocknende Winde, gelang ihm ein gut fortkommendes Gärtchen mit geplätteltem Sitzplatz, Rasenfläche, Staudenrabatten und Wasserbecken. Größe 6 x 7 m." (172)

Angaben zur weiteren Geschichte und Pflege des Dachgartens finden sich im Beitrag von Wilfried Posch aus dem Jahr 1982, der damals von Frau Maria Friedinger Mitteilungen dazu erhielt (173). Die Absolventin der privaten Grinzinger Gartenbauschule, Malerin und Restauratorin Maria Friedinger, die nach dem Tod ihres Mannes im Jahr 1970 den Garten weiterhin pflegte, schildert in ihrem 1982 im Anschluss an den Aufsatz von Wilfried Posch erschienenen Beitrag „Ein Dachgarten in Wien. Fünfzig Jahre Erfahrung mit einem Dachgarten" aus der Praxis:

> „Ein Dachgarten in der Großstadt kann ein kleines Paradies sein, welches man nur ungern verläßt. Allgemein darf man den Pflanzen nichts Ungutes zumuten. Was aber für diese gut ist, muß man wissen, durch Experimentieren erfahren oder sich bei Sachkundigen Rat holen. (…) Der Grundriß bei der Anlage eines Dachgartens kann von wesentlicher Bedeutung für dessen Entwicklung und Schönheit werden. Die Wechselwirkung Mensch-Natur, sei es auch nur auf der kleinen Fläche eines Dachgartens, kann ein Quell der Entspannung und Erquickung sein, schon wegen der sauerstoffreicheren Luft und des ästhetischen Anblickes der Pflanzen. Außerdem kann man jederzeit zum Himmel aufschauen."

Abb. 62: Wien, Dachgarten Friedinger, um 1988, Foto von Roland Stifter, FB Landschaftsplanung und Gartenkunst, TU Wien

Geschildert wird auch das artenreiche Vogel- und Insektenleben auf und um den Dachgarten, das jedoch durch das Fällen einiger Gehölze im Innenhof zur Anlage eines betonierten Autoverkaufsplatzes stark abnahm. Darüber hinaus bezeichnet sie die Entstehung des Dachgartens als „Experiment“ (174).

In seinem 1988 erschienenen Buch „Dachgärten. Grüne Inseln in der Stadt“ befasst sich Roland Stifter mit dem Dachgarten Friedinger, überliefert den Zustand des Gartens im Jahr 1988 durch fünf Fotos und schildert die nötigen Pflegemaßnahmen, wie etwa den alljährlich notwendigen Gehölzrückschnitt und das tägliche, meist zweimal notwendige Gießen aufgrund der zu dünnen Humusdecke (Abb. 62) (175). Eines der Fotos samt den Bemerkungen von Maria Friedinger veröffentlichte Stifter im Sonderheft „Irdische Paradiese: Dachgärten“ der Zeitschrift „Perspektiven“ (176). Der Dachgarten bestand bis zum Tod von Maria Friedinger im Jahr 1990 und wurde vor etwa 18 Jahren durch den nachfolgenden Besitzer, den Dichter, bildenden Künstler und Musiker Dominik Steiger (1940–2014) wegen aufgetretener Bauschäden saniert und neu gestaltet. Anstelle der von Friedinger errichteten Brüstungsmauer wurde eine Abschrankung aus Metallrohren angebracht. Das einstige Wasserbecken besteht seit zumindest 1982 nicht mehr (177). Bis heute erfuhr kein anderer Dachgarten in Wien seit seiner Entstehung eine ähnlich große Beachtung in Veröffentlichungen wie der des Ehepaares Friedinger.

STEILDACH VERSUS FLACHDACH

In seinem Bericht „Kritischer Führer durch die Werkbundsiedlung in Wien“ weist Karl Maria Grimme darauf hin, dass viele der Besucher und Besucherinnen der Werkbundausstellung „bedenklich“ die Köpfe schütteln, weil „das Auge, das an Steildachbauten gewöhnt ist, an flach gedeckten Häusern nicht sofort Gefallen findet“. Grimme jedoch befürwortet insgesamt das „Neue Bauen“, das gerade auch aus den Leistungen österreichischer Architekten wie Wagner, Olbrich, Hoffmann und Loos entwickelt wurde. In seinem 1933 erschienenen Buch „Das Eigenheim. Sein Bau und seine Anlage“, das sich an die Auftraggeber wendet, stellt Grimme sowohl flach- als auch steil gedeckte Häuser ohne jegliche Wertung vor (178).

Der Architekt Friedrich Mayreder sieht den Einsatz von Flachdächern im Einfamilienhausbau gerechtfertigt, im mehrgeschoßigen Wohnhausbau nur dann sachlich begründet, wenn sie Dachgärten tragen (179). Die Meinung von Josef Frank zum Streitthema Flachdach aus dem Jahr 1927 wurde weiter oben bereits zitiert (180). Ein paar Jahre früher plante Frank durchaus Steildächer, etwa für die Siedlung Hoffingergasse (12. Bezirk, Hoffingergasse 11–30), die 1921 bis 1924 entstand. Gemeinsam mit Erich Faber entwarf er Wohnbauten mit steilen Satteldächern. Für die Nebengebäude wurden wie Schuppen begehbare Flachdächer gewählt.

Es gibt Bausparkassen, die den Bau von Flachdächern ablehnen: So findet sich im Jahr 1935 folgende Bemerkung über die Ausstellung der Wettbewerbsergebnisse für eine geplante Einfamilienhaus-Verbauung des Wiener Bierhäuselberges: „Vieles Gelungenes, das meiste zu teuer, Flachdächer nicht zugelassen. Der schöne Hang erfordert andere Generalverbauung.“ (181) Die 1935 bis 1937 ausgeführten Häuser der Wüstenrot-Mustersiedlung tragen entsprechende Steildächer (Abb. 63) (182).

In ihren Lebenserinnerungen schreibt die österreichische Architektin Margarete Schütte-Lihotzky im kurzen Kapitel „Der Dachgarten, die schönste Konsequenz des flachen Daches“ über die Kämpfe bei der Durchsetzung des flachen Dachs während ihres Aufenthaltes als Architektin in Frankfurt am Main ab 1926. Sie berichtet über die Widerstände gegen das Flachdach und seinen unaufhaltsamen Sieg (183).

Abb. 63: Wien, Wüstenrot-Mustersiedlung am Bierhäuselberg, Titelbild, bez. WK, in: Das Wüstenroter Eigenheim. Monatsschrift für das Bausparwesen in Österreich, 5. Jg., 1935, Mai-Nummer

Abb. 64: Berlin, Dachgarten, Foto um 1925, veröffentlicht in: Gartenkunst, 38. Jg., 1925, S. 109

GARTENARCHITEKTEN UND DAS THEMA DACHBEGRÜNUNG IN DER ERSTEN HÄLFTE DES 20. JAHRHUNDERTS

Dachterrassen und Dachgärten werden ab dem frühen 20. Jahrhundert auch von Seiten der Gartenarchitekten zunehmend als wichtige Bauaufgabe propagiert. Schon 1913 stellt der deutsche Gartenarchitekt Leberecht Migge in seinem Buch „Die Gartenkultur des 20. Jahrhunderts" fest, dass Dachgärten in den deutschen Großstädten erst spärlich und in „unvollkommenen Versuchen" bestehen, in den Vereinigten Staaten von Amerika jedoch als Erholungsstätten auch für die arbeitende Bevölkerung weitaus verbreiteter wären (184). In seiner 1912 veröffentlichten Broschüre „Pflanzenschmuck für Balkone, Facaden, Dach- und Vorgärten im städtischen Straßenbilde" listet der Treptower Gartenbaudirektor Martin Hoffmann die geeigneten Pflanzen ausführlich auf (185). Hermann Koenig, Gartenarchitekt in Hamburg, schlägt 1918 zur Linderung der großen Wohnungsnot der Nachkriegszeit qualitätsvoll errichtete Wohnbauten mit Dachgärten an der Innenseite der mit „Innengärten" (Anm.: begrünte weite Höfe) versehenen Baublöcke vor (186).

Der deutsche Gartenarchitekt Erich (Eryk) Pepinski befasst sich wiederholt mit Dachgärten und veröffentlicht seine Ideen theoretischer Art (Gesundung und Gesundheit der Stadtbewohner durch Dachgärten) und praktischer Art (Anlage und Aufbau der Gärten, insbesondere der für Pepinski unentbehrlichen Rasenfläche) in mehreren Artikeln (Abb. 64) (187). Das anlässlich der Internationalen Werkbundausstellung in Stuttgart 1927 herausgegebene Sonderheft „Das flache Dach" der Zeitschrift „Das neue Frankfurt" enthält nach der Einleitung des Herausgebers befürwortende Beiträge zum Flachdach und daran beteiligter Architekten und Gartenarchitekten (Ernst May, Adolf Behne, Le Corbusier, Richard Döcker, Otto Haesler, André Lurçat, Eugen Carl Kaufmann, Max Neisser, Leberecht Migge, Frank Lloyd Wright, Jacobus Johannes

Abb. 65: Berlin, Dachgarten-Restaurant des Warenhauses Karstadt, Postkarte ohne Aufnahmedatum (vor 1940)

Piet Oud, Fritz Trambauer, Josef Frank, Franz Schuster, Heinrich Tessenow und Fritz Wichert) (188). Die Sondernummer „Der Garten auf kleinstem Raum" der Zeitschrift „Der praktische Ratgeber im Obst- und Gartenbau" aus dem Jahr 1928 enthält mehrere Beiträge von Leberecht Migge, Erich Pepinski und anderen Autoren zum Thema Dachgarten, seine Anlage und Pflege (189). In der von Ludwig Späth 1930 herausgegebenen Festschrift anlässlich des zweihundertzehnjährigen Bestehens der Berliner Baumschule Späth als größter Baumschule am Kontinent mit eigenen Entwurfsbüros für Gartengestaltung ist ein Kapitel den Dachgärten gewidmet. Neben einigen Skizzen von begrünten Terrassen sind auch zwei Fotos der weitläufigen Gaststätte auf dem Dach des Berliner Großkaufhauses Karstadt und dem Hotel am Hermannplatz in Berlin-Neukölln enthalten – der Dachgarten von 4.000 m² Größe galt als größter Dachgarten Europas (Abb. 65, Abb. 66) (190).

Auf zwei weitere spektakuläre, öffentlich zugängliche Dachgärten der Dreißiger Jahre sei noch kurz hingewiesen: auf das Rockefeller Center (New York), Planungen ab 1926, Bau von 1931 bis 1940, und die Kensington Roof Gardens (London), 1938 (191).

In der erweiterten Neuauflage des als Handbuch für Laien zur Anlage von Wohngärten konzipierten Buches „Der Garten – Dein Arzt. Fort mit den Gar-

Abb. 66: Berlin, Dachgarten-Restaurant des Warenhauses Karstadt, Postkarte um 1930

tensorgen" stellt der deutsche Gartenarchitekt Harry Maasz im Jahr 1931 im letzten Kapitel namens „Das flache Dach mit all seinen entzückenden Gartenmöglichkeiten" den Dachgarten als zukunftsträchtige „Angelegenheit des Großstadtmenschen (...), dem der Garten zur ebenen Erde ein frommer Wunsch bleibt" mit zwei eigenhändigen Skizzen vor (Abb. 67, Abb. 68). Die Beschriftungen der Skizzen zeugen vom Optimismus des Gartenarchitekten: „In gar nicht allzu ferner Zeit wird sich das Familienleben des Großstädters in den lichten grünen Räumen der Dachgärten entfalten (...) und selbst der kleinste Raum, vor Winden und Zugluft durch Glaswand und begrünte Gitter geschützt, wird voll ereignisreicher Wochen und Monate sein." (192) Im von Harry Maasz überarbeiteten und 1931 herausgegebenen Handbuch „Gartentechnik und Gartenkunst" (193) ist auch ein mit einigen Fotos deutscher Dachgärten bebildertes Kapitel zu den Gärten auf dem Dach vorhanden, das mit den optimistischen Worten schließt: „Der Mensch wird künftig sicherlich einmal von Garten zu Garten promenieren können, die in ununterbrochener Reihe die Dächer der Großstädte als blühende und sonnenerfüllte Paradiese krönen." (194)

Abb. 67: Harry Maasz, Skizze eines Dachgartens, um 1931, veröffentlicht in: H. Maasz, Der Garten – Dein Arzt. Fort mit den Gartensorgen, Frankfurt/Oder 1931, 2. Aufl., S. 62

Abb. 68: Harry Maasz, Skizze eines Dachgartens, um 1931, veröffentlicht in: H. Maasz, Der Garten – Dein Arzt. Fort mit den Gartensorgen, Frankfurt/Oder 1931, 2. Aufl., S. 63

Abb. 69: Norbert Guba, Entwurf eines Dachgartens, um 1932, veröffentlicht in: Gartenzeitung der Österreichischen Gartenbau-Gesellschaft in Wien, Jg. 1932, 12. Heft, S. 173

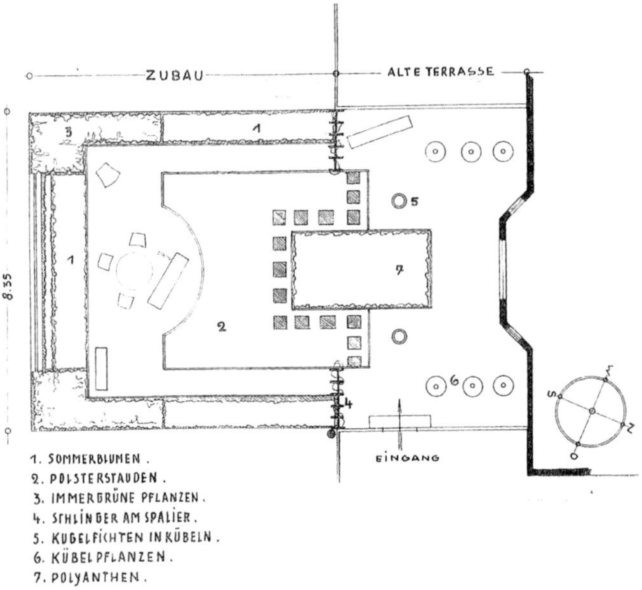

Abb. 70: Norbert Guba, Plan eines Dachgartens, um 1932, veröffentlicht in: Gartenzeitung der Österreichischen Gartenbau-Gesellschaft, Jg. 1932, 12. Heft, S. 174

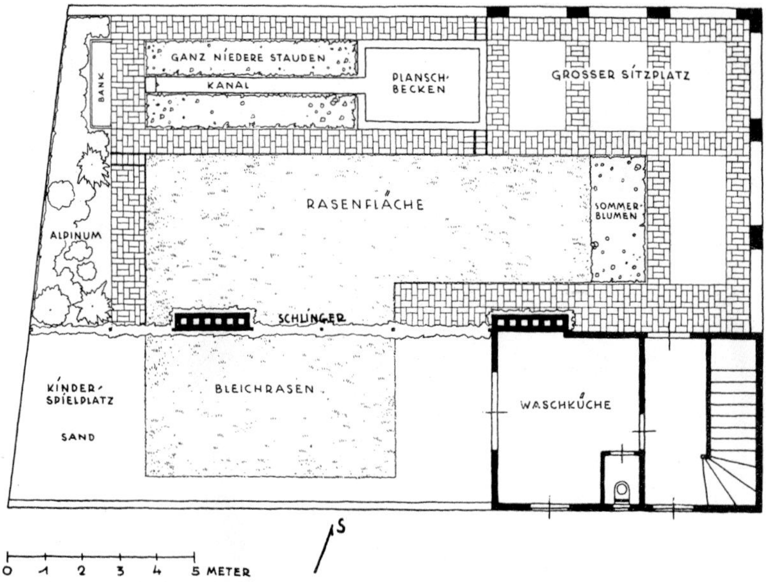

Wo immer sich ebene Dachflächen befinden, sollte man an die Anlage von Dachgärten denken

Abb. 71: O. A., Plan eines Dachgartens, um 1930, veröffentlicht in: W. Hartwich, W. Vietsch (Hg.), Vom neuen Garten, Wien–Leipzig o. J. (1930), S. 83

Wie bei Maasz sind im vom Gartenarchitekten Otto Valentien 1932 herausgegebenen Band „Zeitgemäße Wohn-Gärten. Eine Sammlung alter und neuer Hausgärten“ Dachgärten aufgeführt. Ein Beispiel ist der Dachgarten eines Hauses am Rhein, ein anderes eine Liegeterrasse im Anschluss an eine geschlossene, als Wintergarten ausgestattete Liegehalle auf dem Flachdach eines Hochhauses in Stuttgart (195). In der in den 1930er-Jahren führenden österreichischen Gartenzeitschrift, der von der Österreichischen Gartenbau-Gesellschaft herausgegebenen „Gartenzeitung“, zeigt der Gartenarchitekt Norbert Guba in Wort und Bild zwei Dachgärten (Abb. 69, Abb. 70) (196).

Die beiden nach dem Ersten Weltkrieg von Berlin nach Wien übersiedelten Gartenarchitekten und Staudengärtnereibesitzer Wilhelm Hartwich und Wilhelm Vietsch stellen in ihrem 1930 im Scholle-Verlag (der sich mit seinem Garten- und Baubuchprogramm an die interessierten Auftraggeberinnen und Auftraggeber wendet) erschienenen Buch „Vom neuen Garten“ im Kapitel „Zwischen Himmel und Erde“ diesen Gartentyp vor:

> „Dem Dachgarten gehört die Zukunft. Menschen, die Sport und Körperkultur lieben, wollen Licht, Luft und Sonne nicht nur am Wo-

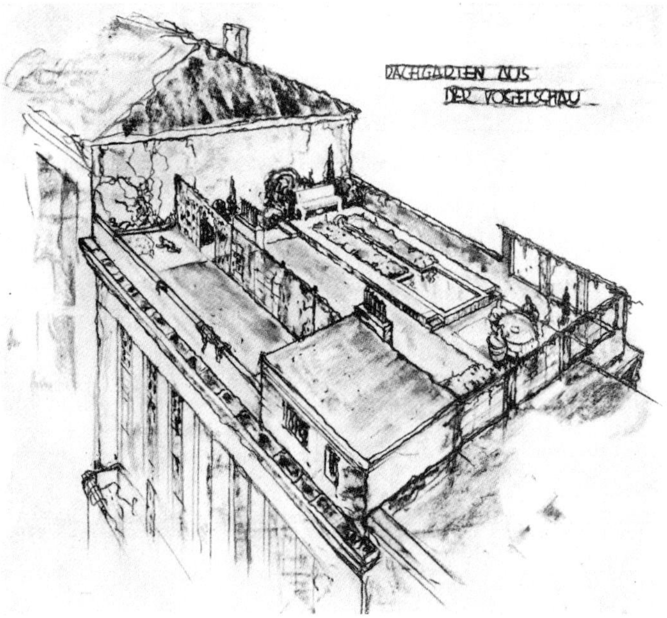

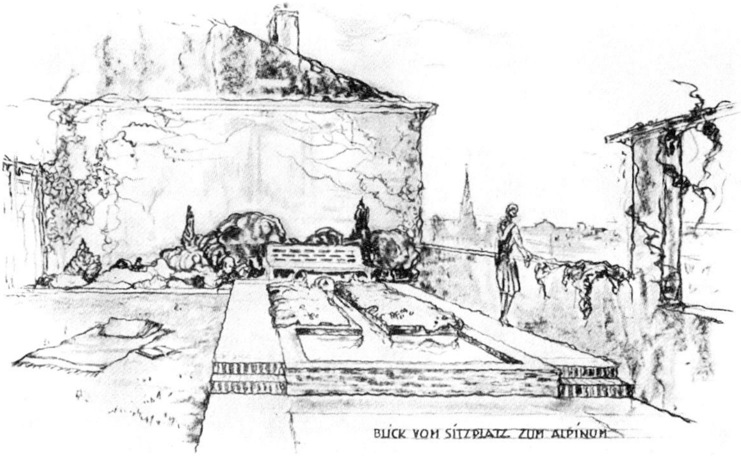

Abb. 72: Josef Oskar Wladar, „Dachgarten aus der Vogelschau", um 1930, veröffentlicht in: W. Hartwich, W. Vietsch (Hg.), Vom neuen Garten, Wien–Leipzig o. J. (1930), S. 84

Abb. 73: Josef Oskar Wladar, „Blick vom Sitzplatz zum Alpinum", um 1930, veröffentlicht in: W. Hartwich, W. Vietsch (Hg.), Vom neuen Garten, Wien–Leipzig o. J. (1930), S. 85

chenende genießen. Auch unter der Woche verlangt man danach, ein Stückchen Rasen, ein paar Blumen und Sträucher zu sehen, um inmitten dieser kleinen blühenden Welt einige Ruhestunden zu verbringen. Aber nicht jedem ist es vergönnt, außerhalb der Stadt ein Einfamilienhaus mit eigenem Garten zu besitzen, dem einen fehlen die Mittel hierzu, der andere will wegen des Berufes unmittelbar in der Stadt bleiben. Deshalb bezeichnen ja auch eine Reihe der führenden Architekten das Terrassenhaus als das Haus der Zukunft für den Großstädter, der innerhalb des verbauten Häuserbezirks wohnt. Ein solches Terrassenhaus aber sieht für jeden einzelnen Bewohner einen eigenen kleinen Dachgarten vor. Da wir aber leider noch nicht so weit sind, eben deshalb sollte jeder, der eine unbenutzte oder für bedeutungslose Nebenzwecke verwendete Dachterrasse besitzt, sie zu einem Dachgarten ausgestalten. Ob wir diesen kleinen Garten zwischen Himmel und Erde nun reicher ausbilden oder einfach halten, das ist lediglich eine Frage unseres Geschmacks. Jeder Dachgarten wird die für ihn aufgewendeten Mittel reichlich lohnen, wenn er von fachkundiger Hand nach den entsprechenden sachgemäßen Richtlinien angelegt wird.“ (197)

Als freier Mitarbeiter im Entwurfsbüro der Firma Hartwich und Vietsch zeichnet der Wiener Gartenarchitekt Josef Oskar Wladar die unsignierten Schaubilder für diese Veröffentlichung (198). Dem von unbekannter Hand gezeichneten Entwurfsplan (Abb. 71) des als Beispiel fungierenden Dachgartens folgen zwei Kohlezeichnungen von Wladar, die den gesamten Garten aus der Vogelperspektive und einen Teil des Dachgartens mit Blick auf die Wiener Innenstadt und den Stephansdom zeigen (Abb. 72, Abb. 73). Die etwa rechteckige Fläche ist im Sinne des modernen Wohngartens gestaltet (199). Sie enthält mit von Schlingpflanzen begrünte pergolaartige Wände, Wege aus Klinker und drei rechteckige Beete zur Aufnahme von Sommerblumen und niedrigen Stauden. Die einzelnen rechteckigen Gartenräume dienen als Bleichrasen im Anschluss an den Waschküchenraum, als Kinderspielplatz, als Alpinum, als Rasenfläche zum Sonnenbaden und als großer Sitzplatz, dem ein Wasserbecken samt Wasserlauf bis zu einer Bank nahe der Feuermauer des angrenzenden Nachbarhauses folgt (200).

Auch die an Laien gerichteten Gartenzeitschriften enthalten wiederholt Beiträge zur Anlage von Dachgärten. So veröffentlicht der österreichische Gartenarchitekt Norbert Guba im Jahr 1937 einen von ihm entworfenen Dachgarten in der Zeitung „Nach der Arbeit. Illustrierte Wochenzeitung für Garten und Heim“(201). Der Artikel enthält drei Zeichnungen und zahlreiche praktische Hinweise.

Festzustellen ist, dass der zu den führenden österreichischen Gartenarchitekten nach 1918 zählende Albert Esch offenbar keine Entwürfe zu Dachgärten und Dachterrassen herstellt – bis jetzt ist zumindest kein in seinem Atelier ausgeführter Dachgarten bekannt geworden (202). Esch arbeitet aber durchaus mit Architekten zusammen, die moderne flachgedeckte und terrassenversehene Villen und Einfamilienwohnhäuser entwerfen, wie etwa die bereits genannten Architekten Karl Hofmann und Felix Augenfeld (203). Auch in den von Albert Esch verfassten Beiträgen und mitverfassten Büchern sind Dachgärten und Dachterrassen nicht behandelt (204).

Vieles zum Themenkreis Dachgarten ist uns heute unbekannt und nicht näher zu recherchieren. So etwa zeigt der Besitzer eines Wiener Gartenbaubetriebes, Hermann Reinold, anlässlich der Hygieneausstellung im Wiener Messepalast im Jahr 1925 einen Dachgartenentwurf (Abb. 74) – ausgeführte Dachgärten seiner Firma sind jedoch bis jetzt nicht bekannt geworden (205).

Abb. 74: Hermann Reinold, Entwurf eines Dachgartens, um 1927, veröffentlicht in: Gemeinde Wien (Hg.), Das neue Wien. Städtewerk, 3. Bd., Wien 1927, S. 437

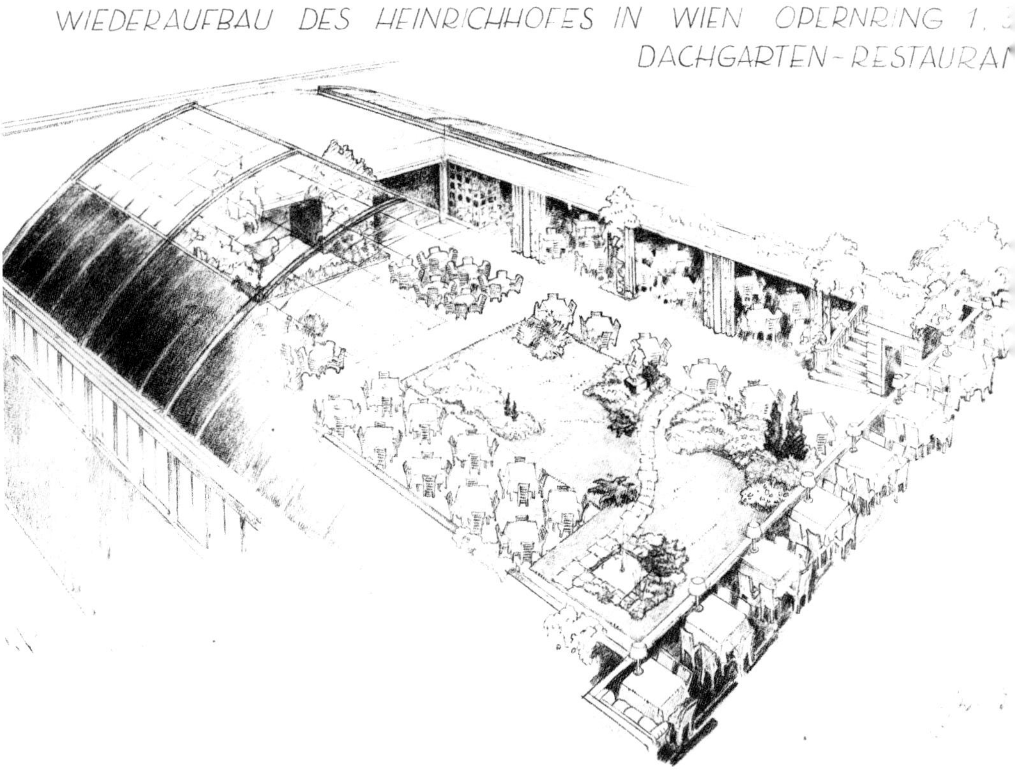

Abb. 75: Josef Oskar Wladar, „Wiederaufbau des Heinrichhofes in Wien Opernring 1,3,5. Dachgarten-Restaurant", 1949, Reproduktion, FB Landschaftsplanung und Gartenkunst, TU Wien, Unterlagen J. O. Wladar

ENTWICKLUNGEN NACH DEM ZWEITEN WELTKRIEG

Aus der Zeit nach dem Zweiten Weltkrieg, der Zeit des Wiederaufbaues, möchte ich ein Projekt des Gartenarchitekten Josef Oskar Wladar vorstellen: Der nach Plänen von Theophil Hansen für den Ziegelindustriellen Heinrich Drasche 1861 bis 1863 errichtete Heinrich(s)hof (1. Bezirk, Opernring 1–5), ein gegenüber der Hofoper auf sechs Bauparzellen um drei Innenhöfe angelegter Mietwohnhauskomplex, brannte im Zweiten Weltkrieg durch Bombentreffer am 12. März 1945 in Teilen aus. In Teilen blieb er jedoch erhalten und wurde bewohnt. In den späteren Vierziger Jahren erwog die Besitzerfamilie Drasche-Wartinberg den Teilabbruch des Mittelteiles und den Wiederaufbau des Hofkomplexes, wofür sie den Architekten Carl Wilhelm Schmidt beauftragte (206). Schmidt zog Wladar zu Rate, um ein Restaurant samt Freiflächen auf dem vorgesehenen Flachdach zu entwerfen (Abb. 75). Wladar schlug in seinem 1949 datierten Entwurf auf der rechteckigen Grundfläche einen teils mit einem verschiebbaren Glasdach versehenen, teils offenen Gartenhof vor. Das Flachdach sollte Platz für die Gasttische bieten und als zu begehender Garten mit Tanzfläche, Wasserbecken, niedriger Bepflanzung, Rasen und einem Querweg dienen. Nach Jahren des Zögerns aufgrund der zu hohen Wiederherstellungskosten und des weiteren Verfalles wurde der Heinrichhof schließlich zur Gänze 1954 abgebrochen. Bereits 1951 war die Einsturzgefährdung baupolizeilich bestätigt und der Denkmalschutz daraufhin aufgehoben worden (207). Oswald Haerdtl legte ab 1951 Entwürfe für den Neubau vor, die jedoch nicht realisiert wurden (208). Nach Gründung der Opernring-Hof Bau- und Betriebsgesellschaft 1954, in deren Besitz das Areals wechselte, wurde nun das Opernringhof benannte Gebäude ab 1955 von Carl Appel und Georg Lippert entworfen und am Ende des Jahres 1956 fertiggestellt (209). Zwar lagen die mit 1955 datierten Pläne Wladars aus dem Jahr 1949 zur Gestaltung des Dachgartenrestaurants nochmals vor, sie wurden aber wiederum nicht realisiert (Abb. 76) (210). Das oberste Geschoß des mit einem sehr flachen Satteldach gedeckten Opernringhofes liegt ein wenig zurückgesetzt, sodass sich daraus gegen den Opernring ein Dachterrassenbereich

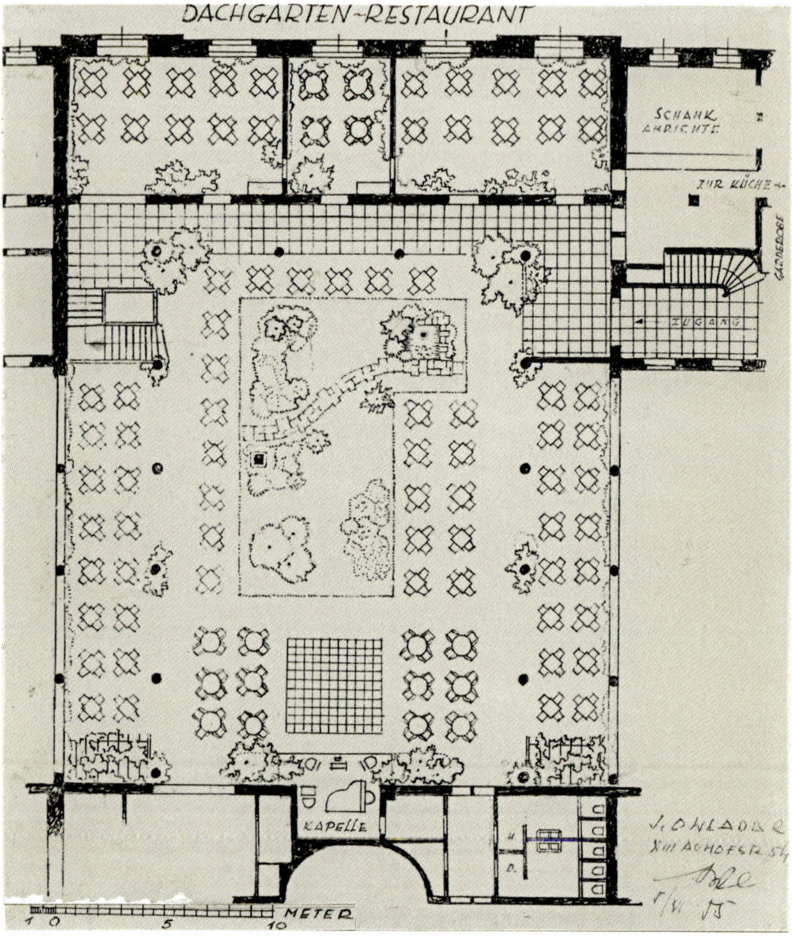

Abb. 76: Josef Oskar Wladar, Wiederaufbau des Heinrichhofes in Wien, Opernring 1,3,5. Dachgarten-Restaurant", 1955, Reproduktion, FB Landschaftsplanung und Gartenkunst, TU Wien, Unterlagen J. O. Wladar

ergab und gegen die drei weiteren Straßenzüge ein umlaufender gangartiger schmaler Freibereich entstand.

Als letztes Beispiel soll die begrünte Dachterrasse von Roland Rainer für die Firma Edelstahlwerke Gebrüder Böhler und Co AG gezeigt werden. Anstelle eines bombenzerstörten Teiles des Verwaltungstraktes am Schillerplatz wurde der Komplex 1956 bis 1958 neu von Rainer geplant (1. Bezirk, Elisabethstraße 12). Die sonst für die Beletage vorgesehenen Direktionsräumlichkeiten des Unter-

Abb. 77: Wien, Dachgarten des Böhlerhauses, Foto um 1958, veröffentlicht in: Der Aufbau, 13. Jg., 1958, S. 264

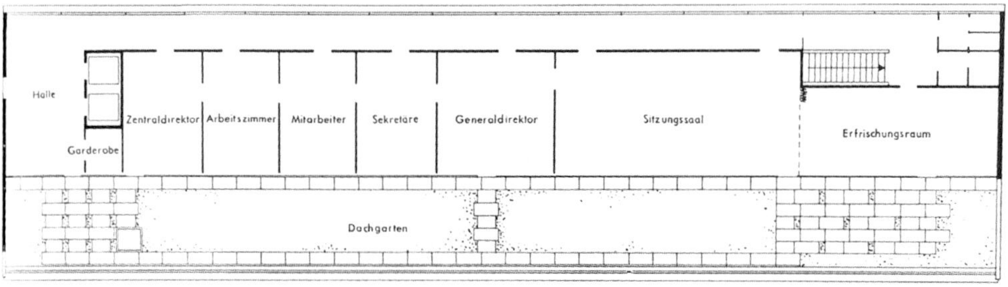

Abb. 78: Wien, Dachgarten des Böhlerhauses, Roland Rainer, Grundriss des Dachgeschoßes, in: Der Aufbau. 13. Jg., 1958, S. 264

nehmens wurden von Rainer ins Dachgeschoß verlegt, um Verkehrslärm und Abgasbelästigung auf diese Weise zu vermeiden. Sie wurden mit entsprechenden Büroräumen, einem Erfrischungsraum, einem Sitzungssaal und einer Halle ausgestattet. Der 50 Meter langen Glasfront des Dachgeschoßes wurde eine teils mit fugenbegrünten Platten belegte, teils mit etlichen darin ausgesparten kleineren und größeren Pflanzenbeeten begrünte Dachterrasse vorgelagert (Abb. 77, Abb. 78). Von den Direktionsräumlichkeiten hatte man direkten Zugang auf die zur historistischen Schmuckanlage des Schillerplatzes im Süden ausgerichtete Terrasse, die mit einer gläsernen Abschrankung auf niedriger Mauer versehen war. Aufgrund des Umbaus des Gebäudes zu Hotelzwecken von 2000 bis 2003 ging die einstige Gestaltung der Dachterrasse verloren, den im obersten Geschoß neu eingerichteten Hotelzimmern wurde jeweils ein Abschnitt der Dachterrassenfläche zugeordnet (211).

VOM WACHSENDEN INTERESSE AN DACHGÄRTEN ZUM DACHGARTEN-BOOM

In seinem 1972 erschienenen Buch „Lebensgerechte Außenräume" verweist Roland Rainer bereits auf die Bedeutung des Dachgartens mit einigen Beispielen (Dachterrassen auf traditionellen Stadthäusern im Iran, Le Corbusier, Villa Savoye bei Paris, moderne Dachterrasse in der Schweiz) und auf die von ihm geplante Dachterrasse des Böhlerhauses (212). In seinem 1978 publizierten Buch „Kriterien der wohnlichen Stadt – Trendwende in Wohnungswesen und Städtebau" zeigt Rainer übrigens drei um 1978 aufgenommene Fotos des Dachgartens Friedinger (213). 1982 veröffentlicht Rainer in seinem Buch „Gärten. Lebensräume, Sinnbilder, Kunstwerke" wiederum ein Foto des Dachgartens Friedinger aus der Frühzeit der Anlage und eines aus dem Jahr 1980 (214). Rainer befasst sich in diesem Buch kurz mit der Bedeutung des Dachgartens als willkommene Erweiterung des Wohnraumes in der Stadt und verweist auf die von Le Corbusier propagierte Rückgabe der verbauten Neubaufläche durch Errichtung von Dachterrassen und Dachgärten. Rainer muss jedoch feststellen, dass es seit den Beispielen von Le Corbusier den Architekten an Ideen und Projekten für Dachgärten nicht mangelte, jedoch relativ wenig tatsächlich verwirklicht wurde (215).

Im Jahr 1977 legte der Tiroler Zeichner Paul Flora mit dem Band „Penthouse" Zeichnungen zu dem international als aktuellen Bautrend erkannten Thema vor, wobei er mit spitzer Feder verschiedenste Möglichkeiten des Wohnens in Häusern und Gärten auf Hochhäusern vorführte (Abb. 79) (216).

Das Thema Dachgarten beschäftigt ab den Siebziger Jahren des 20. Jahrhunderts vor allem „umweltbewußte Planer" (217). Ab den Achziger Jahren des 20. Jahrhunderts erschienen endlich einige wichtige Veröffentlichungen in Österreich, die das Thema Dachgarten breit diskutierten: Die Landesgruppe Wien der Vereinigung Pro Austria Nostra führte von 1983 bis 1985 mit dem Institut für Umweltwissenschaften der Österreichischen Akademie der Wissenschaften ein gefördertes Forschungsvorhaben zu den Wiener Dachgärten durch, dessen Ergebnisse 1986 in zwei Bänden publiziert wurden (218). Bereits

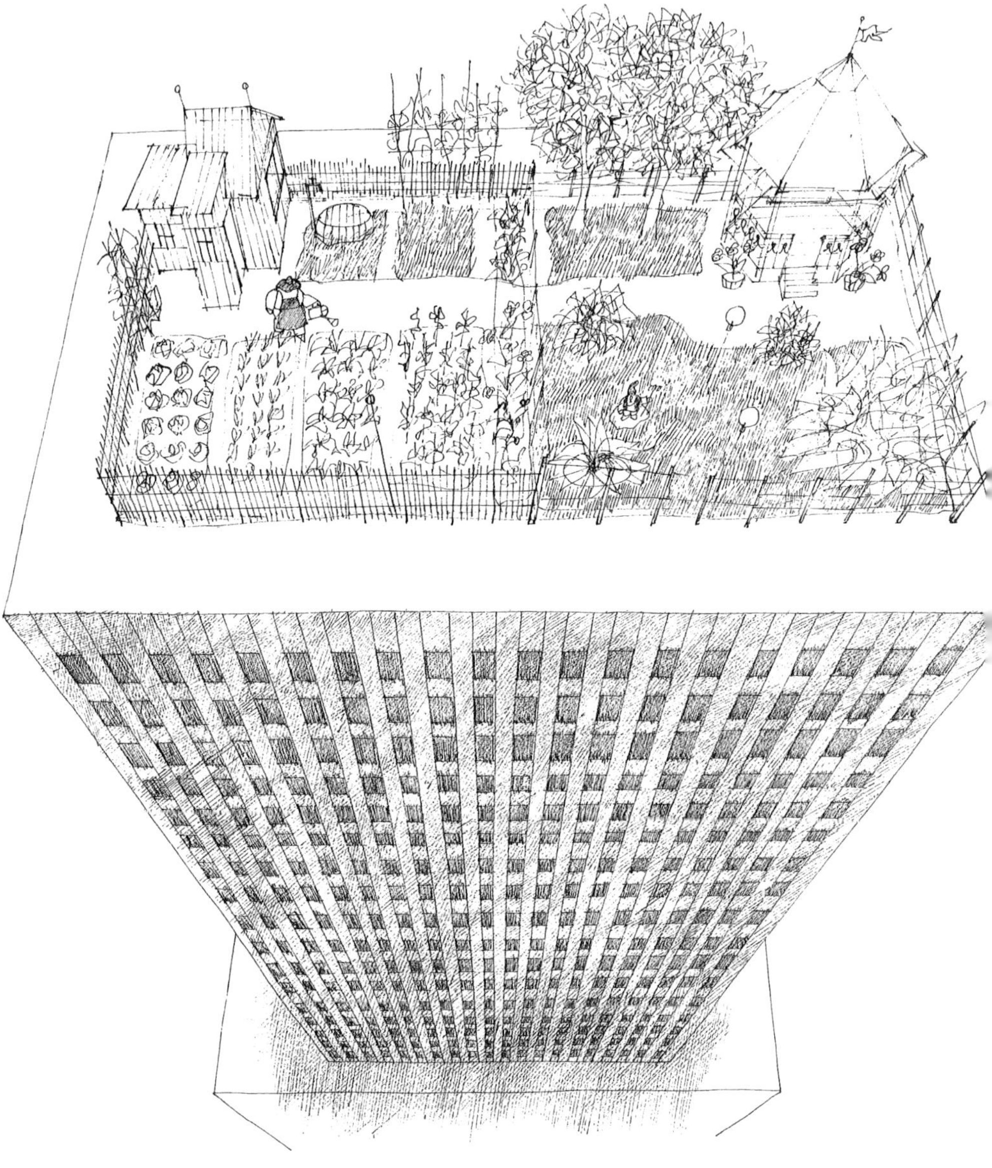

Abb. 79: Paul Flora, Schrebergarten II, 1976, Zeichnung

im Jahr 1985 wurde ein ganzes Heft der Zeitschrift „Bauforum“ mit aktuellen Beispielen dem Thema „Das Dach. Dachausbauten, Dachterrassen, Dachgärten“ gewidmet (219). 1987 veranstaltete das Institut für Landschaftsplanung und Gartenkunst der Technischen Universität Wien unter der Leitung von Ralph Gälzer das erste in Österreich abgehaltene wissenschaftliche Seminar zum Thema „Dachbegrünung“, dessen Ergebnisse im selben Jahr veröffentlicht wurden (220). Im Herbst 1988 fand an der Universität Innsbruck am Institut für Hochbau und Industriebau eine Nachfolgeveranstaltung mit teils identen Beiträgen der Referentinnen und Referenten von 1987 und teils neuen Beiträgen statt; die Referate wurden wiederum veröffentlicht (221). Einer der Mitarbeiter am Projekt „Dachgärten Wiens“, der über dieses Projekt auf dem Fachseminar im Jahr 1987 und auf der Innsbrucker Tagung 1988 berichtete, Roland Stifter, legte 1988 das Buch „Dachgärten. Grüne Inseln in der Stadt“ als umfangreiches Fachbuch für die Praxis vor (222). 1988 stellten Bernd Hala, János Kárász und Jutta Kleedorfer den Endbericht des geförderten Projektes „Über Höfe und Dächer. Verborgenes Grün in der Stadt. Grünflächenplanung in Eigeninitiative und -verantwortung“ fertig (223). Mit dem Titel „Irdische Paradiese: Dachgärten“ widmete die Zeitschrift „Perspektiven“ im Mai 1991 ein Sonderheft mit verschiedensten Beiträgen der Geschichte und Technik von Dachgärten (224).

Seit den Achziger Jahren bis heute entstanden gerade in Wien eine große Anzahl von Dachterrassen und Dachgärten. Sie entstanden vor allem in Zusammenhang mit Dach- und Dachbodenausbauten, bei Aufstockungen älterer Wohngebäude, um Dachgeschoßwohnungen unterzubringen, aber auch bei Neubauten. Eine Fülle von Beispielen wartet auf die Fortschreibung der Geschichte des Wohnens im Freien „zwischen Himmel und Erde“ (225). Durchaus kritisch betrachtet werden jedoch auch die ständigen Veränderungen der Wiener Dachlandschaft (226).

Das so mühsame Hausen in Dachkammern und bescheidenen Wohnungen unter dem Dach, das in der Wiener Bauordnung aus dem Jahr 1859 für Neubauten ausdrücklich verboten wurde, nahm sein Ende. Das einst mühselige Stufensteigen und Lastentragen nahmen die allmählich installierten Liftanlagen ab, die nun die obersten Geschoße bequem erschließen. Als neu errichtete Wohnungen oder als adaptierte einstige Dachböden stiegen diese Geschoße zu den attraktivsten städtischen Wohnflächen auf. Gemeinsam mit Dachterrassen und Dachgärten verbinden diese Wohnungen die Annehmlichkeiten städtischen, zentrumsnahen Wohnens mit dem Genuss von begrünbaren und begrünten Freiflächen.

Abb. 80: Wien, Mignon-Langnas-Park, 2021

EPILOG

Zum Abschluss soll anhand von zwei Beispielen an die wohltuende Kraft von hoch gelegenen Freiflächen für in extremer Anspannung lebende Menschen erinnert werden: Von 1941 bis 1942 arbeitete Mignon Langnas (1903–1949) als Krankenschwester im Altersheim der Israelitischen Kultusgemeinde (2. Bezirk, Malzgasse 16). Als Jüdin kann sie wegen ihrer Anstellung in Wien bleiben und für ihre betagten Eltern (die Mutter verstarb 1940, der Vater 1943) sorgen, während ihr Mann mit den beiden Kindern 1939 in die USA emigrieren muss. Sie arbeitet 72 Stunden pro Woche in Schichten zu 24 Stunden. Den Angestellten stehen zwei unbegrünte Flachdächer des Altersheimes zur Erholung zur Verfügung. Improvisierte Plachen schützen vor Wind und starker Sonne. Die erhaltenen Fotos zeigen die Angestellten beim Ruhen in Liegestühlen, beim Sonnenbaden und beim Schachspielen (227). Von den Dächern kann der nahe gelegene, sich nördlich und nordöstlich der Gasse erstreckende Augarten gesehen werden, der der jüdischen Bevölkerung Wiens bereits bald nach dem im März 1938 erfolgten „Anschluss" Österreichs an das Großdeutsche Reich nicht mehr zugänglich ist (228). Ein paar Schritte auf und ab auf den Flachdächern, sich hier Ausrasten – das muss nun die Spaziergänge, die Mignon Langnas von ihrer nahe dem Augarten gelegenen Wohnung in der Blumauergasse 20 sicher oftmals allein, mit ihrer Familie oder mit Freunden unternommen hat, ersetzen.

Nur von den Amtsräumen der Israelitischen Kultusgemeide im Gebäude der IKG (1. Bezirk, Seitenstettengasse 2, 4) war das Flachdach des Kornhäuselturmes (1. Bezirk, Seitenstettengasse 2/Judengasse 14/Fleischmarkt 1B) zugänglich. Die kleine Gruppe von bei der IKG während des Zweiten Weltkrieges beschäftigten jüdischen Jugendlichen traf sich auf diesem exponierten, weite Aussicht bietenden Ort (229).

Ein weiteres, beklemmendes Beispiel ist die Lebensgeschichte des Architekten, Universitätsprofessors, Stadttheoretikers, Schriftstellers und Politikers Bogdan Bogdanovic (1922–2010). Er legt als Dissident in Gegnerschaft zu Slobodan Milosevic im Jahr 1987 alle seine öffentlichen Ämter nieder (er war von 1982 bis

1986 Bürgermeister seiner Heimatstadt Belgrad). In Folge zieht er sich völlig in seine Wohnung in der Altbelgrader Vorstadt Cubura zurück und lebt gemeinsam mit seiner Frau Ksenija jahrelang in dieser völlig verbarrikadierten, verdunkelten Wohnung:

> „Unsere Belgrader Wohnung, besser gesagt unsere Belgrader Katakomben, konnten atmen und sich gegenseitig lüften nur über einige verborgene, schmale Fenster in den Nebenräumen und über die erwähnte Terrasse, die zwischen zwei hohen Mauervorsprüngen eingezwängt und auf der freien Seite mit der Spitze des Giebels eines verfallenen Nachbarhauses verstellt war. Sie erinnerte eher an eine Höhle als an eine Terrasse. Trotzdem liebten wir sie. Jahrelang brachten wir im Frühling aus dem Dorf frische Erdklumpen, aus denen später sogar ein undefinierbares Bäumchen wuchs, das sich zu einer Art Vordach verzweigte, bis die üppigen Kletterpflanzen es von allen Seiten umfaßten und erstickten (…) In den schlimmen Jahren, die dann folgten, bekam dieser bis dahin unbedeutende Winkel des Wohnraums unerwartet eine wichtige Funktion. Im Sommer konnte man aus unserem dunklen Reich vorsichtig hinausschleichen und unbemerkt in den Miniaturdschungel hineinschlüpfen. Das waren wertvolle Augenblicke der Entspannung an der frischen Luft. Wenn schon nichts anderes, so wußten wir, daß wir wenigstens wie die Tiere im Gebüsch vor den Blicken aus den benachbarten Häusern sicher waren. Im Winter konnte das kahl gewordene Gärtchen leider nur eiligen nächtlichen Ausgängen dienen und für die quälenden, aber notwendigen Gymnastikübungen in der tiefen Dunkelheit. In unserer verdunkelten „Landschaft ohne Ausweg" (noch eine Notiz aus der grünen Schachtel) war die Terrasse eine ambivalente Metapher, sogar ein Symbol, ein Punkt, in dem die zwei Welten sich miteinander verbanden. Während wir jedoch aus der uns aufgezwungenen Welt auf keinen Fall hinaus konnten, drang die äußere Welt rücksichtslos herein und nahm uns mit ihren unerträglichen Botschaften den Atem." (230)
>
> „Nächtliche Wintergymnastik, zehn bis fünfzehn Minuten lang gegen drei Uhr morgens, in tiefer Finsternis. Die Szene könnte, wenn plötzlich Reflektoren angingen, auch spaßig wirken: BB mit einem langen, seinem längsten, dreimal um das Kinn gewickelten Schal führt im Dufflecoat mit den Armen erschöpft seine fünfzig bis sechzig ausholenden Ruderbewegungen aus, ins Leere, ins Dunkel. Ach, hätte ich 1971 vom Jahr 1991 gewußt, hätte ich auf der Terrasse ein Gärtchen mit einem kreisförmigen

Miniaturweg angelegt; so kann ich leider nirgendwohin gehen, ich drehe mich auf der Stelle, trete von einem Fuß auf den anderen.

Ich werde heute nacht (sic) wieder versuchen spazierenzugehen, mir in meinem Terrassenwäldchen ein wenig die Beine zu vertreten. Ein Raum von zwölf Quadratmetern. Nein, man kann nicht im Kreis herumgehen, man kann nur ‚glatt und verkehrt', drei Schritte, dann auf der Stelle kehrt, oder etwas bizarrer – drei Schritte vor, drei Schritte zurück!

Nach zwanzig Tagen im Zimmer (November) heute mittag (sic) dreiundzwanzig Minuten lang auf der kleinen Terrasse, halb abgeschirmt durch trockene Ästchen und Laub, dreiundzwanzig Minuten mittägliche frische (tja, Cuburner) Luft. Welche Erfrischung, welch ein Auftrieb für die letzten Reste der Überzeugung, daß alles noch gut und schön enden wird.

Gestern: zwanzig Minuten auf der kleinen Terrasse, in meinem kahl gewordenen ‚Wäldchen', nicht unbedingt optimal abgeschirmt gegen Blicke von den Dächern und aus Dachbodenluken; eingewickelt in eine Decke, zurückgelehnt in den Stuhl, habe ich denn jemals gedacht, daß die Cuburner Luft so sauber ist? Im übrigen gibt es kaum Verkehr." (231)

Im Jahr 2003 emigriert Bogdanovic mit seiner Frau zunächst nach Paris und im selben Jahr nach Wien.

ANMERKUNGEN

1 W. Hartwich u. W. Vietsch, Vom neuen Garten, Wien–Leipzig o. J. (1930), S. 82 (Kapitelüberschrift zu: Dachgärten)

2 Ansichten: Peter Fendi, Die arme Offizierswitwe, Ölgemälde, 1836, Wien, Österreichische Galerie, Belvedere, Inv. Nr. 2272; August Stauda, Fotos in: S. Winkler, August Stauda. Ein Dokumentarist des alten Wien, Wien 2004, S. 45: 9. Bez., Marktgasse 32, im Hinterhof, 1904/1905 (Wien Museum, Inv. Nr. 29.116); Umschlag des Buches, o. S., 9. Bez., Liechtensteinstraße 123, im Hinterhof, 1912/1914 (Wien Museum, Inv. Nr. 42.002); zu den Wiener Gaupen etliche Beispiele in: Salomon Kleiner, Vera et accurata Delineatio (...) Vienna, Austria (...), Wahrhaffte und genaue Abbildung (...) in (...) Wien (...), 5 Teile, Wien 1724 bis um 1735, Fotos siehe etwa: W. Öhlinger (Hg.), Rundblick vom Stephansdom. Panorama von Wien im Jahre 1860, Schleinbach 2012. Eine besonders eindrückliche Karikatur der Wiener Wohnverhältnisse liegt mit einer 1822 entstandenen Xylographie vor, die uns unter dem Titel „So weit wirds in Wien kommen" die arbeitende Bevölkerung in den Dachstuben und darüber hinaus Bewohnerinnen und Bewohner außerhalb ihrer Gaupenfenster zeigt, um mehr Platz zum Leben und Arbeiten zu haben: Zwei Schneider nähen, in der Dachrinne sitzend, im Freien, die Mutter schaukelt ihren Säugling in einer improvisierten, zwischen zwei Schornsteinen angebrachten Wiege, eine Familie kocht im Freien, sitzt unter einem schattenspendenden Regenschirm, die Mutter stillt ihr Kind, ihr zweites Kind spielt in der Regenrinne u. a., Abb. in: H. R. Scholz (Hg.), Wohnen in Wien. Ein Beitrag zum Lebensgefühl in der Stadt, Wien o. J. (1987) und in: H. R. Stühlinger, Der Wettbewerb zur Wiener Ringstraße. Entstehung, Projekte, Auswirkungen, Basel 2015, S. 52. Ich danke Harald R. Stühlinger für den erteilten Abbildungsnachweis; zur Wiener Dachlandschaft: J. Kalmar u. A. Lehne, Über den Dächern von Wien, Schleinbach 2017.

3 Aus feuerpolizeilichen Gründen wurden bereits ab 1721 bewohnte Räume in Dachböden verboten, dazu: J. Daum, Das Wiener städtische Mietwohnhaus in der Zeit von 1700–1859 unter besonderer Be-

rücksichtigung der grundrißlichen Entwicklung, Diss. Techn. Univ. Wien 1957, S. 40 ff., weiters s. S. 69 ff; Reichs-Gesetz-Blatt für das Kaiserthum Österreich, Jg. 1859, 52. Stück: Bauordnung für die k. k. Reichshaupt- und Residenzstadt Wien, S. 532; Bauordnung für die k. k. Reichshaupt- und Residenzstadt Wien, Wien 1868, S. 24; Bauordnung für die Stadt Wien nach dem Gesetz vom 17.1.1883, S. 15. In diesen Bauordnungen ist stets das Unterbringen von Wohnungen im Dachraum ausnahmslos untersagt. Erst in der Bauordnung von 1930, die jene aus dem Jahr 1883 ersetzte, sind Aufenthaltsräume im Dachgeschoß gestattet, Wohnräume allerdings nur dann, wenn diese Bauordnung nichts anderes bestimmt, d. h. es gab in der Bauordnung Ausnahmebestimmungen für Kleinhäuser (Bauordnung von Wien, Wien 1930, S. 155 f., S. 183); W. Wantra, Das Wiener Zinshaus, Diss. Techn. Hochschule Wien 1953, S. 3 ff., S. 37 ff.; J. Daum, Das Wiener städtische Mietwohnhaus in der Zeit von 1700 bis 1859, Diss. Techn. Univ. Wien 1957, S. 69 ff.; K. Langer, Dachtypologie. Dachformen und Gestaltungsregeln für Dächer der Gründerzeit 1850–1914 für die Bereiche Wiener Innenstadt und Ringstraßenzone, unveröffentlichte Studie im Auftrag der MA 19, Wien 2003, S. 2.

4 R. Wright, The Story of Gardening from the Hanging Gardens of Babylon to the Hanging Gardens of New York, New York 1934 (Nachdruck New York 1963); G. Gollwitzer u. W. Wirsing, Dachgärten und Dachterrassen, München 1962, S. 9 ff.; N. Knopp, Das Garten-Belvedere. Das Belvedere Liechtenstein und seine Bedeutung von Ausblick und Prospekt für die Gartenkunst, München–Berlin 1966, S. 9 ff.; G. Gollwitzer u. W. Wirsing, Dachflächen bewohnt, belebt, bepflanzt, München 1971 (völlige Neubearb. des Buches von 1962); Pro Austria Nostra, Landesgruppe Wien (Hg.) u. K. Ehlers (Red.), Forschungsvorhaben Dachgärten Wiens, 2 Bde., Wien 1986, 1. Bd., S. 36 ff.; J. Pieper, Die Natur der Hängenden Gärten, in: Daidalos, 23. Bd., Jg. 1987, „Baum und Architektur“, S. 94 ff.; M. Auböck, Mit den Dächern leben – zur Symbiose von Architektur und Natur, in: R. Gälzer (Hg.), H. Kocian u. B. Mang (Red.), Dachbegrünung. Seminarbericht, Techn. Univ. Wien, Institut für Landschaftsplanung und Gartenkunst, Wien 1987, S. 5 ff.; R. Stifter, Dachgärten. Grüne Inseln in der Stadt, Stuttgart 1988, S. 9 ff.; M. Auböck, Semiramis lebt – Geschichte und Typologie des Daches und seiner Begrünung, in: Perspektiven, Jg. 1991, Spezialheft „Dachgärten“, Mai, S. 4 ff.; P. Krupka, Dachbegrünung, Stuttgart 1992, S. 13 ff.; C. A. Wimmer u. M. Niedermeier, Hängende Gärten, schaurige Grotten, in: Anthos, 31. Jg., 1992,

1. Heft, S. 32 ff.; M. Köhler, Fassaden- und Dachbegrünung, Stuttgart 1993, S. 240 f.; M. Gossé, R. Matthu, A. Stevens, u. L. Verpoest (Hg.), La facade du ciel – De grevel van de hemel – The Sky Front. L'architecture à toiture plate, Brüssel 1998; T. Osmundson, Roof Gardens. History, Design and Construction, New York–London 1999, bes. S. 112 ff.; H.-B. Busse, N. V. Waubke, R. Grimme u. J. Mertins, Atlas. Flache Dächer. Nutzbare Flächen, Basel–Boston–Berlin 2000, S. 9 ff.; J. Wolschke-Bulmahn, Anmerkungen zur historischen Entwicklung von Dachgärten in Deutschland im frühen 20. Jahrhundert, in: Institut für Grünplanung und Gartenarchitektur u. a. Institute der Leibniz Universität Hannover (Hg.), Festschrift anlässlich des 70. Geburtstages von Hans-Joachim Liesecke, Hannover 2001, S. 270 ff.; J. Ahrendt, Historische Gründächer. Ihr Entwicklungsgang bis zur Erfindung des Eisenbetons, Diss. Techn. Univ. Berlin 2007, 2 Teile; A. Fissabre, Dachterrassen der Renaissance, Diss. Techn. Univ. Aachen 2009, S. 20 ff.; A. Fissabre, Dachterrassen der Renaissance – „Cosa più maravigliosa che gl'orti pensili di Babbilonia", in: architectura, Jg. 2011, 1. Heft, S. 27 ff.; J. Pieper, Der Ursprung der Hängenden Gärten, in: Messen – Zeichnen – Verstehen. Eine kritische Retrospektive auf Themen, Methoden und Trouvaillen der Baugeschichte von Jan Pieper und seinen Mitarbeitern an der TU Berlin und der TH Aachen (1983–2013), Aachen–Berlin 2013, S. 50; S. Schweizer, Die Hängenden Gärten von Babylon. Vom Weltwunder zur grünen Architektur. Mit einem Beitrag von F. Maier-Solgk, Berlin 2020.

5 Johann Bernhard Fischer von Erlach, Entwurff Einer Historischen Architectur (…), Wien 1721 (ab 1705 verfasst), 2. Stich: Spectacula Babylonica (Kupferstich), Text S. 17 r. und v.: „Das sonderlichste waren die berühmte hangende Gärten/ deren Gesicht man sich in gegenwärtigem Blate am meisten bemühet hat/ vorzustellen. (…) So/ daß an diesen gleichsam in der Lufft angelegten fruchtbaren Baum-Gängen/ und durch geheime Wasser-Leitungen springenden Wasser-Künsten alles überirdisch schiene."; Lit. in Auswahl (siehe auch Anm. 4): E. Berckenhagen, Hängende Gärten in Nürnberg, Urbino und Potsdam, in: Das Gartenamt, 3. Jg., 1956, S. 42 ff.; J. Pieper, Die Natur der Hängenden Gärten, in: Daidalos, 23. Bd.: „Baum und Architektur", 1987, S. 94 ff.; J. Pieper, Hanging Gardens In The Princely Capitals Of Rajasthan And In Renaissance Italy. Sacred Space, Earthly Paradiese, Secular Ritual, in: D. Jones (Hg.), Patrons of Art. The Mughals and the Medici, in: Marg, 39. Jg., 1. Heft, 1988, S. 69 ff.; J.-C. Margueron, Der Garten im Vorderen Orient, in: M. Carroll-Spillecke (Hg.),

Der Garten von der Antike bis zum Mittelalter, Mainz 1992, S. 45 ff., zu den Hängenden Gärten S. 74 ff.; K. Brodersen, Die Hängenden Gärten von Babylon, in: H. Sarkowicz (Hg.), Die Geschichte der Gärten und Parks, Leipzig 1998, S. 38 ff.; L. Zangheri, Il giardino pensile di Babilonia, in: L. Zangheri, Storia del giardino e del paesaggio. Il verde nella cultura occidentale, Florenz 2003, S. 299 ff.; J. Ahrendt, wie Anm. 4, 2. Teil, S. 4 ff.; S. Dalley, The Mystery of the Hanging Garden of Babylon. An Elusive World Wonder Traced, Oxford 2013; S. Dalley, Die Hängenden Gärten von Babylon. Der Mythos, in: A. Lutz (Hg.), Gärten der Welt. Orte der Sehnsucht und Imagination, Ausstellungskatalog, Museum Rietberg, Zürich 2016, S. 54 ff., zuletzt: S. Schweizer, wie Anm. 4, S. 9 ff., S. 151 ff.; Antonio Averlino, gen. Filarete, legte in seinem handschriftlichen, zwischen 1461 und 1464 verfassten Architekturtraktat den Entwurf eines Gartenpalastes vor, dessen Flachdächer hängende Gärten tragen, dazu: M. u. V. Vercelloni (Hg.), Geschichte der Gartenkultur. Von der Antike bis heute, Darmstadt 2010, S. 36 f.; S. Schweizer, wie Anm. 4, S. 96 ff.

6 M.-L. Gothein, Geschichte der Gartenkunst, 2 Bde., Jena 1914 (1. Aufl.), Jena 1926 (2. Aufl.), München 1988 (Nachdruck der 2. Aufl.), 1. Bd., S. 130 f.

7 Rekonstruktionen und Ansichten der Ruine in Auswahl: Etienne Dupérac (Stefano Duperac, Du Perac), Vestigy del Mausoleo d' Augusto, in seinem Buch „I vestigi dell'antichita di Roma raccolti et ritratti in perspettiva“, Rom 1575, Kupferstich (Gottfredus de Scaichi sc.), Nr. 36; Johann Christoph Volkamer, Continuation der Nürnbergischen Hesperidum, Nürnberg 1714, Il Mausoleo d'Augusto Vestigi, Abbildung ohne Tafel-Nr. (S. 6 v.): Rekonstruktionsversuch mit Gehölzen (Zypressen) auf den Terrassen des Rundbaues und Darstellung des Ruinenrestes als hängender Garten, Text S. 5 v., S . 6 r.; Lit.: M.-L. Gothein, 1. Bd., wie Anm. 6, S. 95; V. Gardthausen, Das Mausoleum Augusti, in: Mitteilungen des Deutschen Archäologischen Instituts. Römische Abteilung, 36./37. Bd., 1921/1922, S. 111 ff.; H. von Hesberg u. S. Panciera, Das Mausoleum des Augustus: der Bau und seine Inschriften, München 1994; J. Ahrendt, wie Anm. 4, 2. Teil, S. 16 ff.

8 A. R. Littlewood, Gardens of Byzantinum, in: Journal of Garden History, 12. Jg., 1992, 2. Heft, S. 126 ff., zu Dachgärten S. 143 f. (Abb. 25, S. 144); J. Ahrendt, wie Anm. 4, 1. Teil, S. 38 ff. (Söllergärten/Solarium), 2. Teil, S. 29 ff.

9 G. Bazin, Le Mont St.-Michel. Histoire et Archéologie de l'origine à nos jours, Paris 1933, Tafel 35.

10 Hinweise zum dargestellten Dachgarten: G. Harbers, Der Wohngarten. Seine Raum- und Bauelemente, München 1937, 2. Aufl., S. 11; D. Hennebo, Gärten des Mittelalters, Hamburg 1962 (1. Bd. des dreibd. Werkes Geschichte der deutschen Gartenkunst von A. Hoffmann u. D. Hennebo), S. 131: „Baumgarten, der hoch in einem Mauerwinkel der Burg liegt"; M.-L. Gothein hält sich kurz und erkennt nicht die erhöhte Lage: „Eine hohe weiße Mauer schützt die himmlische Gesellschaft vor unbefugten Blicken" (M.-L. Gothein, wie Anm. 6, Zitat 1. Bd., S. 206).

11 E. Berckenhagen, wie Anm. 5, S. 43; J. Ahrendt, wie Anm. 4, 1. Teil, S. 47 ff., 2. Teil, S. 46 ff.

12 J. Ahrendt, wie Anm. 4, 1. Teil, S. 57 f., 2. Teil, S. 34 f. (dort fälschlich 1517 statt 1529 als Jahr der Zerstörung durch die Brandlegung der Partei der Arrabiati), S. 56 f.; P. Maresca, Giardini incantati, boschi sacri e architetture magiche, Florenz 2004, S. 55; C. Bertsch, Villa Garten Landschaft. Stadt und Land in der florentinischen Toskana, Berlin 2012, S. 38 ff.; S. Schweizer, wie Anm. 4, S. 98 ff. (Dachgarten des Palazzo Medici in Florenz), S. 100 f. (Dachgarten der Villa Medici in Careggi)

13 L. Heydenreich, Pius II. als Bauherr in Pienza, in: Zeitschrift für Kunstgeschichte, 6. Bd., 1937, S. 105 ff.; C. R. Mack, Pienza. The Creation of a Renaissance City, Ithaca–London 1987, S. 57 ff.; A. Tönnesmann, Pienza. Städtebau und Humanismus, München 1990, bes. S. 64 ff., S. 126 f.; J. Pieper, Pienza. Der Entwurf einer humanistischen Weltsicht, Stuttgart 1997, S. 242 ff., S. 375 ff.; M. Mangiavacchi, I giardini del Senese fra Ottocento e Novecento: sei esempi a confronto, in: V. Cazzato (Hg.), La memoria, il tempo, la storia nel giardino italiano fra '800 e '900, Rom 1999, S. 283 ff., mit einigen Fotos der Grünanlage um 1900, zwischen 1920 und 1930 und um 1999; J. Ahrendt, wie Anm. 4, 2. Teil, S. 37 f.; G. Blum, Fenestra prospectiva – Das Fenster als symbolische Form bei Leon Battista Alberti und im Herzogspalast von Urbino, in: J. Poeschke u. C. Syndikus (Hg.), Leon Battista Alberti. Humanist – Architekt – Kunsttheoretiker, Münster 2008, S. 77 ff., bes. S. 102; G. Blum, Fenestra perspectiva: oder inszenierte Ausblicke: Alberti, Palladio, Agucchi, Berlin–Boston 2015, S. 181 ff.; S. Schweizer, wie Anm. 4, S. 93, S. 103 ff.

14 B. Teodori, Giardini storici delle Marche tra Ottocento e Novecento: Serra, Rotondi e il giardino pensile nel Palazzo Ducale di Urbino, in: V. Cazzato (Hg.), wie Anm. 13, S. 343 ff.; J. Ahrendt, wie Anm. 4, 2. Teil, S. 42 ff.; A. Fissabre, wie Anm. 4, S. 55 ff.; A. Fissabre (2009), wie Anm. 4,

S. 27 ff.; G. Blum, wie Anm. 13, S. 103 ff.; S. Schweizer, wie Anm. 4, S. 108 ff.; Filarete (Antonio Pietro di Averlino) schlug in seinem als Manuskript erhaltenen, wohl zwischen 1461 und 1464 verfassten Traktat über Architektur einen mit mehreren Dachgärten überzogenen Gartenpalast in der Idealstadt Sforzinda vor (M. u. V. Vercelloni (Hg.), Geschichte der Gartenkultur. Von der Antike bis heute, Darmstadt 2010, S. 36 f.; S. Schweizer, wie Anm. 4, S. 96 ff.)

15 B. Patzak, Die Renaissance- und Barockvillen in Italien, 3. Bd., Die Villa Imperiale in Pesaro. Studien zur Kunst der italienischen Renaissancevilla und ihrer Innendekoration, Leipzig 1908, bes. S. 38 ff., S. 98; B. Teodori, wie Anm. 14, S. 355 ff.; J. Ahrendt, wie Anm. 4, 2. Teil, S. 53 f.; A. Fissabre, wie Anm. 4, S. 83 ff., S. 116 ff.; J. Pieper, Die künstliche Ruine der Villa Imperiale, in: In situ, 3. Jg., 2011, 2. Heft, S. 189 ff.; A. Fissabre (2009), wie Anm. 4, S. 27 ff.; S. Schweizer, wie Anm. 4, S. 115 ff.; J. Pieper, Die Doppelvilla der Imperiale. Römische Hochrenaissance im Herzogtum Urbino, 2 Bde., Aachen (noch nicht erschienen).

16 M. Zalum Gardon, Passione e cultura di fiori tra Firenze e Roma nel 16 e 17 secolo, Florenz 2008, S. 185.

17 H. Keutner, Der „Giardino Pensile“ auf der Loggia dei Lanzi und seine Fontaine, in: Mitteilungen des Kunsthistorischen Instituts in Florenz, 7. Bd., 1953–1956, 4. Heft (1956), S. 283 ff.; H. Keutner, ders. Titel, in: W. Braunfels (Hg.), Kunstgeschichtliche Studien für Hans Kauffmann, Berlin 1956, S. 240 ff.; J. Ahrendt, wie Anm. 4, 2. Teil, S. 73 ff.; A. Fissabre, wie Anm. 4, S. 121 ff.; S. Schweizer, wie Anm. 4, S. 101 ff.

18 A. Fissabre, wie Anm. 4, S. 335 ff.

19 Antonio Bonfini (1427–1503), Bericht, o. J., in: I. Hegedüs u. E. Abel, Analecta nova ad historiam renascentium in Hungaria litterarum spectantia, Budapest 1903, S. 57; Antonio Bonfini, Bericht, 1543 veröffentlicht, in: I. Fógel, B. Iványi u. L. Juhász (Hg.), Antonius de Bonfinis, Rerum Ungaricarum decades, 4 Bde., 4. Bd., 1. Teil, Budapest 1941, S. 136 f.; R. Feuer-Toth, Il giardino pensile rinascimentale e la cisterna regia del castello di Buda, in: Acta Technica, Budapest, 77. Bd., 1974, S. 95 ff.; R. Feuerne Toth, A budai vár függökertje és a Cisterna Regia, in: G. Galavics (Hg.), Magyarorzag reneszánsz es barokk, Budapest 1975, S. 11 ff., bes. S. 32; J. Balogh, Die Anfänge der Renaissance in Ungarn. Matthias Corvinus und die Kunst, Graz 1975, S. 73 ff., S. 102 f., S. 309 (Nachtrag zur Literatur: Bemerkungen zu R. Feuer-Toth, 1974); J. Balogh, Die Kunst der Renaissance in Ungarn, in: G.

Stangler (Red.), Matthias Corvinus und die Renaissance in Ungarn 1458–1541, Ausstellungskatalog Schallaburg, Wien 1982, S. 81 ff., bes. S. 85 f.; G. Hajós, Terraced gardens in Central Europe from the fifteenth to the eighteenth century: Problems of conservation, in: E. de Jong (Hg.), Tuinkunst. Dutch Yearbook of the History of Gardens and Landscape Architecture, Amsterdam, 2. Bd., 1996, S. 121 ff., bes. S. 121.

20 Antonio Bonfini, Bericht, o. J., in: wie Anm. 19, I. Hegedüs, S. 56; Antonio Bonfini, wie Anm. 19, I. Fógel (Hg.), S. 138; J. Balogh (1975), wie Anm. 19, S. 112 ff., S. 123 ff.; J. Balogh (1982), wie Anm. 19, S. 376 ff.; J. Laszlovszky (Hg.), Medieval Visegrád. Royal Castle, Palace, Town and Franciscan Friary, Budapest 1995, S. 20 ff.; G. Hajós, wie Anm. 19, S. 121; J. Ahrendt, wie Anm. 4, 2. Teil, S. 40; ab 1934 Beginn der Ausgrabungen und Wiederherstellungsarbeiten; E. J. Szikra, Geschichte und Rekonstruktion der mittelalterlichen Gärten im Königspalast von Visegrád, in: G. Alföldy (Red.), Königliche und herzogliche Gärten in Ungarn, herausgegeben anlässlich des internationalen Symposiums von ICOMOS-IFLA, Budapest 2001, S. 190 ff.

21 Antonio Bonfini, Bericht, o. J., in: wie Anm. 19, I. Hegedüs, S. 57 u. S. 67; Antonio Bonfini, wie Anm. 19, I. Fógel (Hg.), S. 138; J. Balogh (1975), wie Anm. 19, S. 144 f.; Ausstellungskatalog Schallaburg, wie Anm. 19, S. 87; R. Perger, Matthias Corvinus und Wien, in: Ausstellungskatalog Schallaburg, wie Anm. 19, S. 245 f.; G. Hajós, wie Anm. 19, S. 121.

22 J. Martz, Zur Genese und Entwicklung der frühen Gartenanlagen an der Burg in Wien, in: M. Schwarz (Hg.), Die Wiener Hofburg im Mittelalter. Von der Kastellburg bis zu den Anfängen der Kaiserresidenz, Wien 2015, S. 383; M. Jeitler u. J. Martz, Der Untere und der Obere Lustgarten, in: H. Karner (Hg.), Die Wiener Hofburg 1521–1705: Baugeschichte, Funktion und Etablierung als Kaiserresidenz, Wien 2014, S. 189.

23 Stephanus Vinandus Pighius, Hercules prodicius seu principis juventutis vita et peregrinatio, Antwerpen 1587 (Reise: 1574), aus dem Lateinischen übersetzt in: A. Primisser, Die Kaiserlich-Königliche Ambraser Kunstsammlung, Wien 1819 (Nachdruck Graz 1972), S. 36. Dieser Reisebericht wurde auch im Jahr 1600 veröffentlicht (L. Zangheri, L'Arciduca Ferdinando del Tirolo e i Medici, in: R. G. Kecks (Hg.), Musagetes. Festschrift für Wolfram Prinz zu seinem sechzigsten Geburtstag, Berlin 1990, S. 347 (Anm. 3); J. Ahrendt, wie Anm. 4, 2. Teil, S. 67 f.

24 J. Felmayer (Bearb.), Die Kunstdenkmäler der Stadt Innsbruck: Die Hofbauten (Österreichische Kunsttopographie, 47. Bd.), Wien 1986, S. 607; M. Frenzel, Die Gärten von Schloß Ambras bei Innsbruck, in: Die Gartenkunst, 3. Jg., 1991, 2. Heft, S. 189 ff.

25 Jacobus Bongarsius, Tagebuch seiner Reise von Wien nach Konstantinopel, 1585 (Man.), Bern, Burgerbibliothek, Cod. 468, zit. in Übersetzung in H. Lietzmann, Das Neugebäude in Wien. Sultan Süleymans Zelt – Kaiser Maximilians II. Lustschloß. Ein Beitrag zur Kunst- und Kulturgeschichte der zweiten Hälfte des 16. Jahrhunderts, München–Berlin 1987, S. 43 f., Originaltext in H. Hagen, Jacobus Bongarsius. Ein Beitrag zur Geschichte der gelehrten Studien des 16.–17.Jahrhunderts, Bern 1874, S. 62 ff.

26 Jacob Hoefnagel, „Wienn in Oesterreich“, Kupferstich und Radierung, Wien 1609, Arbeit an der Aufnahme wohl 1607–1608, 2. um die Widmung veränderter Druck im Jahr 1640, 3. veränderter Druck bald nach 1683; M. Eisler, Historischer Atlas des Wiener Stadtbildes, Wien 1919, o. S. (Text zur Tafel 9, Nr. 9); zum Berghof: H. Ladenbauer-Orel, Der Berghof, Wien–Hamburg 1974, S. 33.

27 Folbert van Alten-Allen, „Abriss der Kayserlichen Residenz Stadt Wienn (…)“, Kupferstich und Radierung, Wien, 1686, Arbeit an der Aufnahme vor 1683; M. Eisler, wie Anm. 26, o. S. (Text zur Tafel 12, Nr. 16)

28 Matthias Greischer, Arx Kismarton, Kupferstich, o. J. (4. V. 17. Jh.); Justus Nypoort, Kismarton, Kupferstich in: Anton Ernst Burckhard von Birckenstein, Ertz-Herzogliche Handgriffe Deß Zirckels und Linials (…), Wien 1686, S. 49; zu frühbarocken „Aussichten“: P. Fidler, Loggia mit Aussicht – Prolegomena zu einer Typologie, in: Wiener Jahrbuch für Kunstgeschichte, 40. Bd., 1987, S. 83 ff.; K. Kubes, Architekturinnovationen Spätgotik – Frühbarock (Anfänge der Architektur der Neuzeit). An Beispielen aus Österreich, besonders Niederösterreich mit internationalen Zusammenhängen, phil. Diss. Univ. Wien 1996, S. 302 ff., S. 319 f.; C. A. Wimmer, Zur schönen Aussicht. Typologie und Genese einer ästhetischen Errungenschaft, in: Generaldirektion der Stiftung Preußische Schlösser und Gärten Berlin–Brandenburg (Hg.), Wege zum Garten. Festschrift für Michael Seiler zum 65. Geburtstag, Leipzig 2004, S. 30 ff.

29 Johann Weichard Freiherr von Valvasor, Höhenperg, Kupferstich, in: Johann Weichard von Valvasor, Das Erz-Herzogtum Kärndten (…), Laibach–Nürnberg 1688 (Nachdruck Rudolfswert 1882), Tafel 75 u. Tafel 76, Zitat S. 46.

30 H. Wiessner u. G. Seebach, Burgen und Schlösser in Kärnten. Klagenfurt–Feldkirchen–Völkermarkt–Wien 1980, 2. Aufl., S. 127; Bundesdenkmalamt (Hg.), Die Kunstdenkmäler Österreichs. Kärnten (Dehio-Handbuch der Kunstdenkmäler Österreichs), Wien 1981, 2. Aufl., S. 236.

31 Johann Bernhard Fischer von Erlach, „Premier projét que l'auteur a formé pour placer la Venérie Imperiale sur la hauteur de Schönbrun", Kupferstich, Wien um 1688/1690.

32 Johann Bernhard Fischer von Erlach, „Prospect des Neüen Gebäu und Gartens Schönbrunn, so Seine Kaiserl. Mayst: Josephus I. als Römischer König, vor ein Jachthaus bauen zu laßen angefangen 1696", Kupferstich, Wien, um 1696; Andreas Schlüters vermutlich erster Entwurf für das Stadtschloss in Berlin aus dem Jahr 1702 sieht das gesamte Schloss mit seinen Nebentrakten als flach gedeckt mit weitläufigen Dachterrassen, begrenzt von reich mit Statuen gezierten Balustraden vor; zuletzt: G. Hinterkeuser, Andreas Schlüter und das Berliner Schloss: die Architektur, in: H.-U. Kessler (Hg.), Schloss Bau Meister. Andreas Schlüter und das barocke Berlin, München 2014, S. 258 ff., bes. S. 260 u. S. 284.

33 Johann Georg Hamilton, Rebhühner vor dem Schloss Schönbrunn, Ölgemälde, 1732 (Wien, Kunsthistorisches Museum, Inv. Nr. 2815)

34 Johann Georg Jungmann del. Thomas Bohacz sc., Ansicht von Schönbrunn von Nordwesten, Kupferstich, erschienen 1744 in: Anton Gropper, Tempe Regia Mariae Theresiae Augustae, Wien 1744, o. S. (dem Titelblatt vorgebunden); Bundesdenkmalamt (Hg.), Die Kunstdenkmäler Österreichs. Wien, 10.–19. und 21.–23. Bezirk (Dehio-Handbuch der Kunstdenkmäler Österreichs), Wien 1996, S. 192.

35 Bundesdenkmalamt (Hg.), wie Anm. 34, S. 192 ff.

36 R. Kurdiovsky (Hg.), Die Gärten von Schönbrunn, St. Pölten–Salzburg–Wien 2005, S. 110 ff.

37 Zu den Gartenpalästen: N. Knopp, Das Garten-Belvedere. Das Belvedere Liechtenstein und seine Bedeutung von Ausblick und Prospektbau für die Gartenkunst, München–Berlin 1966, bes. S. 42 ff. u. S. 61 ff. (Gartenpalais Liechtenstein), S. 46 f. (Gartenpalais Starhemberg-Schönburg)

38 W. G. Rizzi, Das Palais Dietrichstein-Lobkowitz in Wien – zur Planungs- und Baugeschichte des Hauses, in: B. Feller u. K. Mang (Hg.), Lobkowitzplatz 2. Geschichte eines Hauses, Wien–Köln–Weimar 1991, S. 9 ff., bes. S. 12 u. S. 24; P. Fidler, Alla moderna gebaut und von sehr artigen gout … Das Palais Dietrichstein-Lobkowitz in Wien, in: Acta Historiae Artium, 37. Jg., 1994/1995, S. 145 ff.

39 Joseph Emanuel Fischer von Erlach del., Johann Adam Delsenbach sc., „Die Mehl-Grube, ein der Stadt Wien zum aus miethen gehöriges Hauß", Kupferstich veröffentlicht 1719, in: J. E. Fischer von Erlach u. J. A. Delsenbach, Anfang Einiger Vorstellungen der Vornehmsten Gebäude (…) von Wien (…), Wien 1719 (Druckprivileg), 6. Tafel; zur „Mehlgrube": S. Leitner, Die „Mehlgrube", in: H. Lorenz u. H. Weigl (Hg)., Das barocke Wien. Die Kupferstiche von Joseph Emanuel Fischer von Erlach und Johann Adam Delsenbach (1719), Regensburg 2007, S. 42 ff.

40 Joseph Emanuel Fischer von Erlach, wie Anm. 39, Titelbild, dazu: S. M. Rust, Titelblatt, in: wie Anm. 38, S. 28 ff.

41 Johann Bernhard Fischer von Erlach, wie Anm. 5, 4. Buch, Tafel 118–121, 5. Buch, Tafel 134–137; zum Bautypus der Maisons de plaisance bei Fischer von Erlach: H. Keller, Nachwort, in: J. B. Fischer von Erlach, Entwurf einer historischen Architektur, Dortmund 1978, o. S. (vorletzte Seite)

42 Durchgesehen wurde: Georg Matthäus Vischer, Topographia Austriae Inferioris Modernae, Wien 1672; Georg Matthäus Vischer, Topographia Austriae Superioris, o. O. 1674; Georg Matthäus Vischer, Topographia Ducatus Stiriae, o. O. 1681; Johann Weichard von Valvasor, Das Erz-Hertzogthum Kärndten (…), Laibach–Nürnberg 1688; Michael Wening, wie Anm. 43; zu Herberstein: Georg Matthäus Vischer, Topographia Ducatus Stiriae (...), o. O. 1681, Kupferstiche, Tafel 172–175.

43 Michael Wening, Schloß Aurolzmünster, Kupferstich, aufgenommen kurz nach 1700, veröffentlicht 1721 in: Michael Wening, Historico-Topographica Descriptio (…) Ober- und Nidern Bayrn, 2. Bd [Rentamt Burghausen, München 1721, zwei Tafeln o. Nr. (Blatt 42, 43)]

44 Johann Christoph Volkamer, wie Anm. 7, Kupferstiche, veröffentlicht 1714, Tafel 25 u. Tafel 26, Text dazu S. 10 r. und v.; E. Berckenhagen, Deutsche Gärten vor 1800, Hannover–Berlin–Sarstedt 1962, S. 38 ff.; J. Ahrendt, wie Anm. 4, 2. Teil, S. 103 ff.

45 H.-B. Busse u. a. (Hg.), wie Anm. 4, S. 37 (Abb. 1. 63); J. Kern, Des Baumeisters Ausguck über die Stadt, in: Wertheimer Zeitung, 9./10.1.2010, S. 24.

46 Johann Heinrich Zedler, Grosses vollständiges Universallexicon aller Wissenschafften und Künste, 1. Bd., Halle–Leipzig 1732, Sp. 753.

47 Paul Jakob Marperger, Beschreibung des grossen Vorzugs, welchen die sogenannten Altanen Vor denen biß hieher gewöhnlich gewesenen und mit überflüßigen Holtz versehenen Haus-Dächern haben (…), o.

O. 1722. Diese Veröffentlichung ist dz. in Wien nicht greifbar; Nachdruck: F. Bock u. G. G. Wieszner (Hg.), Paul Jakob Marperger, Altanen. Eine Werbeschrift für das flache Dach aus dem 18. Jahrhundert, in: Der Keil. Schriftenreihe für moderne Probleme, 1. Nr., Nürnberg 1930; Hinweis auf Marperger in: G. Gollwitzer u. W. Wirsing, wie Anm. 4, S. 9 u. S. 11 f.

48 Jean d'Etienne, Mémoire sur la découverte d'un ciment impénétrable à l'eau; et sur l'application de ce meme ciment à une terrasse de la maison de l'auteur, Paris 1782; Hinweis auf Etienne in: H. Pfann, Ein Beitrag zum Gartenbauwesen in Deutschland und Österreich von 1750 bis zur Gegenwart, Habil., Technische Hochschule Wien 1934, Abb. 42; J. Ahrendt, wie Anm. 4, 1. Teil, S. 96 und 2. Teil, Katalog-Nr. 79, S. 126; zuletzt: R. Gargiani (Hg.), L'architrave, le plancher, la plate-forme. Nouvelle histoire de la construction, Lausanne 2012, S. 486; Jean-Charles Krafft, Plans des plus beaux jardins pittoresques de France, d'Angleterre et d'Allemagne (...), 2 Bde., Paris 1809–1810, 2. Bd., Tafel 67/68 (ausklappbar), Text S. 54.

49 Zu den Gärten der Wiener Hofburg: J. Martz, „Waren hier die alten Wälle?", in: Österreichische Zeitschrift für Kunst und Denkmalpflege, Jg. 2010, S. 116 ff.; M. Jeitler u. J. Martz, wie Anm. 22, S. 188 ff.; weiters in diesem Band: M. Jeitler u. J. Martz, Der Roßtummelplatz (Josefsplatz) und seine Vorgänger: Irrgarten und Hinterer Lustgarten, S. 268 ff.; M. Jeitler u. J. Martz, Die Gärten auf der Kurtine, S. 428 ff.; J. Martz, Die Gärten der Wiener Hofburg im internationalen Vergleich, S. 509 ff.; C. Hlavac u. A. Göttche, Die Gartenmanie der Habsburger. Die kaiserliche Familie und ihre Gärten 1792–1848, Wien 2016, S. 38 f.; A. Mader-Kratky, Der Wiener Hofarchitekt Johann Ferdinand Hetzendorf von Hohenberg (1733–1816), phil. Diss. Univ. Wien 2017, S. 254 ff.

50 G. A. Schimmer, Die Promenade auf der Burgbastei, in: G. A. Schimmer, Das alte Wien. Darstellung der alten Plätze und merkwürdigsten jetzt größtenteils verschwundenen Gebäude Wiens, 12 Hefte, Wien 1854–1856, 3. Heft, 1854, S. 15 ff., Zitat S. 17 f.

51 H. Wagner (Hg. und Übers.), Wien von Maria Theresia bis zur Franzosenzeit. Aus den Tagebüchern des Grafen Karl von Zinzendorf, Wien 1972, S. 138 f.

52 M. Dreger, Die Baugeschichte der k. k. Hofburg in Wien (Österreichische Kunsttopographie, 14. Bd., Wien 1914, S. 292, S. 294, S. 309, S. 322); J. Martz, Der Burggarten an der Hofburg zu Wien. Die Geschichte des kaiserlichen Privatgartens von den Anfängen bis heute,

Dipl.-Arb. Techn. Univ. München–Weihenstephan 1996, S. 29 ff. u. S. 548 f.; J. Martz, A paradise, directly accessible from the Imperial apartments – Remy's former conservatory in the garden of the Imperial Castle (Hofburg) in Vienna/Austria, in: Österreichische Gesellschaft für historische Gärten (Hg.), Habsburg. The House of Habsburg and Garden Art // Das Haus Habsburg und die Gartenkunst, Tagungsband der gleichnamigen Tagung in Wien, 22.4.2007, Sonderbd. als Beilage zum 2. Bd. der Zs. Die Gartenkunst, 20. Jg., 2008, S. 77 ff.; J. Martz, wie Anm. 49, S. 126; J. Martz, Ein „Wunder der Horticultur" – das 1818–1820 errichtete, ehemalige Remy'sche Glashaus an der Wiener Hofburg, in: Arbeitskreis Orangerien in Deutschland e. V. (Hg.), Goldorangen, Lorbeer und Palmen – Orangeriekultur vom 16. bis 19. Jahrhundert. Festschrift für Heinrich Hamann, Petersberg 2010, S. 196 ff.

53 Franz Heinrich Böckh, Merkwürdigkeiten der Haupt- und Residenz-Stadt Wien und ihrer nächsten Umgebungen. Ein Handbuch für Einheimische und Fremde, 2 Teile, Wien 1823, 1. Teil, S. 441 ff.

54 O. A., Die Familie des Kaisers Franz auf dem Dachgarten über dem Naturalienkabinett, Gouache, um 1796 (Wien Museum Inv. Nr. 95.070); O. A., Kaiser Franz, mit seinen Kindern auf dem Dachgarten, Aquarell (in eine Tischplatte eingelassen), um 1799 (Wien, Hofmobiliendepot, Inv. Nr. MD 6554); J. Pfundheller, Der Blumenkaiser, Wien 1881, S. 44 ff.; zuletzt: C. Hlavac u. A. Göttche, wie Anm. 49, S. 38 f.

55 G. Hajós, E. Vancsa u. U. Steiner (Bearb.), Die Kunstdenkmäler Wiens: Die Profanbauten des 3., 4. und 5. Bezirkes (Österreichische Kunsttopographie, 44. Bd.), Wien 1980, S. 107 ff.

56 Karel Postl del., J. Döbler sc., „Am Dache", Radierung, 1808; Georg Friedrich Treitschke, Das Singspiel auf dem Dache. Ein komisches Singspiel in einem Aufzug. Nach Domersan's Idee für das Theater an der Wien, Wien 1807, Rezension, in: Prager Theater-Almanach auf das Jahr 1808, 1. Jg., S. 958; B. Maz, Karel Postl, a základy České krajinomalby, Prag 1957, S. 67.

57 Franz Maleck, Bau der Ferdinandsbrücke über den Donaukanal, Ölgemälde, 1819 (Wien Museum Inv. Nr. 28.572/1); Wien 1800–1850. Empire und Biedermeier, Ausstellungskatalog, Historisches Museum der Stadt Wien, 1969, S. 101 (Kat. Nr. 390); Josef Ignaz Gurk u. Eduard Gurk, „Gebäude der Kunst-Gallerie nächst dem Rothen Thurm", kolor. Kupferstich und Radierung, in: Tranquillo Mollo, Wien's vorzüglichste Gebäude und Monumente, Wien, o. J. (1823), 54. Tafel;

Alois Auer, Fotos vor und nach dem Abbruch der Befestigungen (Fotoinstitut Bonartes, Wien); vier Fotos des Gebäudes aus dem Jahr 1858 in: A. Fogarassy (Hg.), Die Wiener Ringstraße. Das Buch, Ostfildern 2014, S. 33 u. S. 46; Ladislaus Eugen Petrovits, Müller'sches Gebäude, Holzschnitt, veröffentlicht in: L. E Petrovits, Die Wiener Ringstraße in ihrer Vollendung und der Franz-Josephs-Kai, Wien o. J. (1875) (Nachdruck Schleinbach 2014, S. 65); zum Gebäude: F. Czeike, Historisches Lexikon Wien, 4. Bd., Wien 1995, S. 318 f.

58 A. Sitte, Streittürme, in: Berichte und Mitteilungen des Altertumsvereins von Wien, 41. Jg., 1908, S. 10 ff., bes. S. 15; T. F. Meisels, Bummel durch Alt-Wien, Wien-Amsterdam–Leipzig 1936, S. 57 ff.; R. Wagner-Rieger, Das Wiener Bürgerhaus des Barock und Klassizismus, Wien 1957, S. 80; F. Czeike, wie Anm. 57, 3. Bd., 1994, S. 580; Bundesdenkmalamt (Hg.), wie Anm. 34, Wien. 1. Bezirk, Horn–Wien 2003, S. 852 f.

59 F. Czeike, wie Anm. 57, 1. Bd., 1992, S. 164; Bundesdenkmalamt (Hg.), wie Anm. 34, Wien, 2.–9. und 20. Bezirk, Wien 1993, S. 73 ff.

60 K. Langer, wie Anm. 3; ein Großteil der Dachflächen des nach Plänen von Ludwig Förster und Theophil Hansen 1847–1849 erbauten Grand Hotel National (2. Bez., Taborstraße 18) war seit 1849 als mit Bäumen und Blumen besetzter Dachgarten den Hotelgästen zugänglich; U. Petritsch, Hotel National in Wien, Dipl.-Arb. Techn. Univ. Wien 2006, S. 69 ff. Der Garten blieb nicht erhalten, er wurde durch einen Dachstuhl ersetzt.

61 E. Boltenstern, Vom Wiederaufbau der Staatsoper, in: Der Aufbau, 10. Jg., 1955, 11. Heft, S. 425 ff., dazu: S. 425; A. Loos, Wiener Architekturfragen, in: Reichspost, Wien, 1.10.1910, wieder abgedruckt in: A. Loos, Trotzdem, Wien 1931 und in: A. Loos, Gesammelte Schriften, A. Opel (Hg.), Wien 2010, S. 380 f.

62 A. Loos, in: Anonyme Aufzeichnungen zu den Stadtwanderungen 1913/1914, 21.3.1914, zit. in: B. Rukschcio u. R. Schachel, Adolf Loos. Leben und Werk, Salzburg–Wien 1982, S. 189.

63 J. F. Dorn, Praktische Anleitung zur Ausführung der neuen flachen Dachdeckung (...), Berlin 1835, 1. Aufl., Berlin 1837, 2. verbess. Aufl., S. 2 (Berlin 1838, 3. Aufl.); G. Linke, Der Bau der flachen Dächer unter Benutzung des Lehms (...), Braunschweig 1840, 2. Aufl.: darin keine Angaben zu Dachgärten enthalten [1. Aufl.: Der Bau der Dorn'schen Lehmdächer (...), Braunschweig 1837, in Österreich nicht greifbar]

64 C. S. Häusler, Die Lehre von der Anwendung der selbst erfundenen Holzzemente, Hirschberg 1851; zum Holzzementdach: Senatsverwal-

tung für Stadtentwicklung und Umweltschutz Berlin (Hg.), Grüne Dächer für Berlin, Berlin 1992, S. 10 f.

65 E. Rüber, Das Rasendach. Die wohlfeilste, dauerhafteste und feuersicherste Eindeckungsart für Stadt- und Landgebäude, München 1860 (Reprint Hannover 1998), Zitat S. 52.

66 C. Rabitz, Naturdächer von vulkanischem Cement (oder Moderne hängende Gärten, feuerfester, vorzüglicher, schöner, dauerhafter und billiger als jede andere Verdachungsart), Berlin o. J. (1867); Hinweis auf Rabitz in: G. Gollwitzer, wie Anm. 4, S. 17 f.; C. Rabitz, Naturdächer von vulkanischem Cement, in: Zeitschrift für praktische Baukunst, 27. Jg., 1867, Sp. 195 ff.; zu Rabitz: G. Funeck, Hängende Gärten auf Naturdächern, in: Landschaftsarchitektur, 5. Jg., 1975, 4. Heft, S. 123: abgedruckter Bericht über die Präsentation von Rabitz auf der Weltausstellung, aus: Leipziger Illustrierte Zeitung, September 1868; G. Freitag, Carl Rabitz – Ein Pionier für umweltgerechtes Bauen in Berlin, in: Der Bär von Berlin. Jahrbuch des Vereins für Geschichte Berlins, 50. Folge, 2001, S. 39 ff.; J. Ahrendt, wie Anm. 4, 2. Teil, S. 144 f.; F. Mayer-Solgk, Von den Hängenden Gärten zur zeitgenössischen Hortitecture, in: S. Schweizer, wie Anm. 4, S. 161 ff., zu Rabitz S. 167 f.; J. H. G. Meyer, Lehrbuch der schönen Gartenkunst, Berlin 1873, 2. Aufl. (1859, 1. Aufl.); die Diplomarbeit von I. Knaffel, Aspekte der Geschichte von Dachgärten im späten 19. und frühen 20. Jahrhundert in Berlin, Leibniz Universität Hannover 2002, war mir leider nicht zugänglich.

67 H. Jäger, Lehrbuch der Gartenkunst oder Lehre von der Anlage, Ausschmückung und künstlerischen Unterhaltung der Gärten und freien Anlagen (…), Berlin–Leipzig 1877, S. 678 ff.; Der Garten im Hofe und auf dem Dache, Zitat S. 681.

68 H. Jäger, wie Anm. 67, Zitat S. 682; in einigen wichtigen deutschsprachigen Gartenbüchern der zweiten Hälfte des 19. Jahrhunderts wird das Thema Dachgarten nicht behandelt, z. B. nicht in: L. F. Dietrich, Encyclopedie der gesammten niederen und höheren Gartenkunst (…), Leipzig 1860; H. Jäger, Katechismus der Ziergärtnerei, Leipzig 1853, 1. Aufl. u. a. Auflagen 1885, 1889, 1901; H. Jäger, Allgemeines Illustriertres Gartenbuch (…), Leipzig–Berlin 1864, 1. Aufl., Hannover–Leipzig 1874, 2. Aufl., Hannover 1882, 4. Aufl.; L. Trzeschtik, Vademecum des angehenden Garten-Ingenieurs (…), Wien–Pest–Leipzig 1873; ders., Grundriß der höheren und niederen Gartenkunst (…), Wien–Pest–Leipzig 1874; ders., Der Garten-Architekt (…), Wien–Pest–Leipzig 1875; L. Abel, Garten-Architektur, Wien 1876;

D. Hüttig, Illustriertres Gartenbuch (...), Stuttgart 1886; J. H. G. Meyer, wie Anm. 65; L. Abel, Das elegante Wohnhaus (...), Wien–Pest–Leipzig 1890; L. Abel, Allgemeiner Bauratgeber (...), Wien 1893; L. Abel, Gartenkunst und gärtnerisches Planzeichnen, Wien 1898, 2. Aufl. (als „Die Gartenkunst in ihren Formen planimetrisch entwickelt" in Wien 1878 in erster Auflage erschienen); A. Lambert u. E. Stahl, Die Garten-Architektur, Stuttgart 1898 (4. Teil, 10. Halb-Bd. des Handbuches der Architektur)

69 J. Simmen u. U. Drepper, Der Fahrstuhl. Die Geschichte der vertikalen Eroberung, München 1984; C. Neuerer, Das Hochhaus in der Zwischenkriegszeit in Österreich, Dipl.-Arb. Univ. Innsbruck 1999, S. 3; A. Bernard, Die Geschichte des Fahrstuhls. Über einen bewegten Ort der Moderne, Frankfurt/Main 2006, S. 9 ff.; P. Payer, Stadt und Aufzug. Zur Frühgeschichte der vertikalen Bewegung in Wien, 1869–1914, in: Wiener Geschichtsblätter, 72. Jg., 2017, 1. Heft, S. 29 ff.; P. Payer, Auf und ab. Eine Kulturgeschichte des Aufzugs in Wien, Wien 2018; F. Mayer-Solgk, wie Anm. 66, S. 168 ff.

70 O. A., Die Ausnutzung von Dachflächen für Gartenanlagen, Notiz in: Wiener Illustrierte Garten-Zeitung, 28. Jg., 1903, S. 275 f.; 1904 erschien ein kurzer Beitrag ohne Verfasserangabe unter „Vermischtes" in: O. A., Dachgärten, in: Deutsche Bauzeitung, Berlin 1904, 66. Heft, 17.8.1904, S. 413 f.

71 Zu den Bauten von Otto Wagner: H. Geretsegger u. M. Peintner (W. Pichler Mitarb.), Otto Wagner 1841–1918. Unbegrenzte Großstadt. Beginn der modernen Architektur, Salzburg–Wien 1983, 2. Aufl. (1964, 1. Aufl.); zu den Flachdächern Wagners: H.-B. von Busse u.a., wie Anm. 4, S. 42; zur „Weißen Stadt": P. Haiko, H. Leupold-Löwenthal u. M. Reissberger, „Die weiße Stadt" – der „Steinhof" in Wien. Architektur als Reflex der Einstellung zur Geisteskrankheit, in: Kritische Berichte, 9. Jg., 1981, 6. Heft, S. 3 ff.

72 Zu den Bauten von Adolf Loos: B. Rukschcio u. R. Schachel, wie Anm. 62; H.-B. von Busse u.a., wie Anm. 4, S. 43; R. Bock, Adolf Loos. Leben und Werk 1870–1933, München 2009; zur Villa Karma: G. Behalova, Die Villa Karma von Adolf Loos, in: alte und moderne kunst, Jg. 1970, 113. Heft, S. 11 ff.; R. Bock, 2009, S. 110 f.; zum Haus Steiner: H. Kulka (Hg.), Adolf Loos. Das Werk des Architekten, Wien 1931; R. Bock, 2009, S. 136 ff.; zum Haus Scheu: Text von Kulka zu den Abbildungen 51–53 des Hauses Scheu, Zitat S. 31; L. Münz u. G. Künstler, Der Architekt Adolf Loos, Wien–München 1964, S. 111 ff. (Kapitel: Terrassenhäuser)

73 F. Achleitner, Österreichische Architektur im 20. Jahrhundert. Ein Führer in vier Bänden, Bd. III/2: Wien, 13.–18. Bezirk, Salzburg–Wien 1995, S. 48; L. de Chiffre, Das Wiener Terrassenhaus: Entwicklungsphasen und Aktualität eines historischen Wohntypus mit Fokus auf den lokalspezifischen architektonischen Diskurs, Diss. Techn. Univ. Wien 2016, S. 47 ff.; R. Bock, wie Anm. 72, S. 166 ff.

74 F. Glück, Einleitungskapitel „Umriß der Persönlichkeit", in: H. Kulka (Hg.), wie Anm. 72, S. 8 f.

75 A. Loos, Das Grand-Hotel Babylon, in: Die neue Wirtschaft, Wien, 23.12.1923, wieder veröff. in: A. Loos, A. Opel (Hg.),wie Anm. 61, S. 589 ff., Zitat S. 589; Hinweis auf diesen Artikel in: L. Münz u. G. Künstler, wie Anm. 72, S. 113. Loos machte zwischen 1910 und 1913 Reisen nach Nordafrika: B. Rukschcio u. R. Schachel, wie Anm. 62, S. 155 (1910/1911, Tunis, Biskra), S. 180 f. (1913, Marokko); C. Kühn, Das Schöne, das Wahre und das Richtige. Adolf Loos und das Haus Müller in Prag, Basel–Boston–Berlin 2001 (1., korrig. Nachdruck; 1989, 1. Aufl.), S. 37.

76 A. Loos, Regeln für den, der in den Bergen baut, in: 11. Jahrbuch der Schulanstalten der Frau Dr. Phil. Eugenie Schwarzwald in Wien (Stadt), 1913, wieder abgedruckt in: A. Loos, Trotzdem, Wien 1931 und in: A. Loos, A. Opel (Hg.), wie Anm. 61, S. 453 f., Zitat S. 454.

77 A. Loos, 1923, wie Anm. 75, Zitat S. 589.

78 A. Loos, 1923, wie Anm. 75, Zitat S. 589; D. Worbs, Die Wiener Arbeiterterrassenhäuser von Adolf Loos, in: B. Bergius, J. Frecot u. D. Radicke (Hg.), Architektur, Stadt und Politik. Julius Posener zum 75. Geburtstag, Gießen 1979, S. 118 ff.; E. Blau, Rotes Wien. Architektur 1919–1934. Stadt – Raum – Politik, Wien 2014 (engl. 1999), S. 370 f.

79 Veröffentlicht in: R. Döcker, Terrassentyp. Krankenhaus, Erholungsheim, Hotel, Bürohaus, Einfamilienhaus, Siedlungsbau, Miethaus und die Stadt, Stuttgart 1929, S. 68.

80 A. Loos, Flaches oder geneigtes Dach? (Fragen anlässlich des Vortrages in Stuttgart, 1926), in: A. Loos, A. Opel (Hg.), wie Anm. 61, S. 655 ff., Zitat S. 655; zit. bereits in: H. Kulka, wie Anm. 72, S. 31 in Zusammenhang mit dem Haus Scheu.

81 A. Loos, wie Anm. 80, S. 660; zit. bereits in: H. Kulka, wie Anm. 72, S. 33.

82 Zu den Arbeiten von A. Loos: R. Döcker, wie Anm. 79, S. 68; L. Münz u. G. Künstler, wie Anm. 72, S. 111 ff. (Terrassenhäuser); D. Worbs, wie Anm. 78; B. Rukschcio u. R. Schachel, wie Anm. 62;

L. Münz, Adolf Loos, Wien 1989 (ital. Mailand 1956), S. 13; Institut für Hochbau der Technischen Universität Wien, Adolf Loos als Konstrukteur, Ausstellungskatalog, Albertina, Historisches Museum der Stadt Wien und Looshaus am Michaelerplatz, Wien 1990; R. Bock, wie Anm. 72; E. Blau, wie Anm. 78, S. 370 ff.; L. de Chiffre, wie Anm. 73, S. 62 ff.

83 C. Kühn, wie Anm. 75, S. 62; R. Bock, wie Anm. 72, S. 263.

84 R. Scheu, Kennst Du das Haus? in: Prager Tagblatt, ca. Jänner 1931, zit. in: B. Rukschcio u. R. Schachel, wie Anm. 62, S. 615; Fotos der Dachterrasse: Abb. 335 u. 336, S. 357.

85 L. Münz u. F. Künstler, wie Anm. 72, S. 57 ff.; E. Berger, Historische Gärten Österreichs. Garten- und Parkanlagen von der Renaissance bis um 1930, 3 Bde., 1. Bd.: Niederösterreich, Burgenland, Wien–Köln–Weimar 2002, S. 327 (dort weitere Literaturangaben); R. Bock, wie Anm. 72, S. 274 ff.

86 B. Rukschcio u. R. Schachel, wie Anm. 62, S. 243 (1920), S. 331 f. (1927)

87 M. Risselada (Hg.), Raumplan versus Plan libre – Adolf Loos and Le Corbusier, 1919–1930, Delft 1988; B. Rukschcio u. R. Schachel, wie Anm. 62, S. 331 ff.; R. Bock, wie Anm. 72, S. 31; C. Kühn, wie Anm. 75, S. 79 ff.

88 Le Corbusier, Vers une Architecture, Paris 1923 (verfasst 1920/1921), dt.: Kommende Baukunst, Stuttgart–Berlin–Leipzig 1926, bes. S. 45 ff., S. 202; zu Le Corbusier: F. Mayer-Solgk, wie Anm. 66, S. 170 ff.

89 Le Corbusier, 1922. Ausblick auf eine Architektur, Frankfurt/Main–Wien 1963, Zitat S. 179; zu den Dachgärten von Le Corbusier: F. Huth, Dachterrasse und Dachgarten, in: Deutsche Bauhütte, Jg. 1927, S. 336; R. Döcker, wie Anm. 79, S. 118 f.; G. Gollwitzer u. W. Wirsing, wie Anm. 4, S. 12 u. S. 20; R. Matthu, La genèse du toit plat moderne, in: M. Gossé, R. Matthu, A. Stevens u. L. Verpoest (Hg.), wie Anm. 4, S. 65 ff.; A. K. Vetter, Die Befreiung des Wohnens. Ein Architekturphänomen der 20er und 30er Jahre, Tübingen–Berlin 2000, S. 26 ff., S. 204 ff., S. 215 f.; H.-B. von Busse u. a., wie Anm. 4, S. 44 f.; J. Ahrendt, wie Anm. 4, 1. Teil, S. 131 ff. u. S. 136 f.

90 Le Corbusier, Die Eroberung des flachen Daches, in: Das neue Frankfurt. Monatsschrift für die Fragen der Großstadt-Gestaltung, 1. Jg., 1926–1927, 7. Heft (Sonderheft), Das flache Dach, 1927, S. 167 ff., Zitate S. 68 u. S. 169, zur Diskussion um das Flachdach in der Stuttgarter Werkbundsiedlung: R. Matthu, wie Anm. 89, S. 92 ff.

91 E. Sekler, Josef Hoffmann. Das architektonische Werk, Salzburg 1986, 2. Aufl., Werkverzeichnis Nr. 84, S. 286 ff.; A. Hubmann, Bau- und Restaurierungsgeschichte des „Hoffmann-Pavillons" – Sanatorium Purkersdorf, in: BUWOG und Bundesministerium für Wissenschaft und Kunst (Hg.), Josef Hoffmanns Sanatorium Purkersdorf bei Wien, Wien o. J. (2003), S. 46 ff.

92 E. Sekler, wie Anm. 91, S. 76 ff., Werkverzeichnis Nr. 104, S. 300 ff.; A. Freytag, Der Garten des Palais Stoclet in Brüssel. Josef Hoffmanns „chef d'oeuvre inconnu", in: Die Gartenkunst, 20. Jg., 2008, 1. Heft, S. 1 ff.; A. Freytag, Josef Hoffmann's unknown masterpiece: the garden of Stoclet House in Brussels (1905–1911), in: Studies in the History of Gardens and Designed Landscapes, 30. Jg., 2010, 4. Heft, S. 337 ff.

93 J. Spalt (Hg.), Gartenhäuser von Josef Hoffmann, Wien o. J. (1985), S. 12 ff.; E. Sekler, wie Anm. 91, Werkverzeichnis Nr. 138, S. 337; E. Berger, wie Anm. 85, S. 126; zu Capri: Josef Hoffmann, Architektonisches von der Insel Capri, in: Der Architekt, 3. Jg., 1897, S. 13 f.

94 E. Sekler, wie Anm. 91, S. 134 ff., Werkverzeichnis S. 332 ff.; E. Berger, wie Anm. 85, 3. Bd.: Wien, 2004, S. 457.

95 E. Sekler, wie Anm. 91, S. 172 f., Werkverzeichnis S. 391 ff.; J. Spalt, wie Anm. 93, S. 23; E. Berger, wie Anm. 85, 2. Bd.: Oberösterreich, Salzburg, Vorarlberg, Kärnten, Steiermark, Tirol, 2003, S. 357; verwiesen sei auch auf Hoffmanns 1927 gefertigte, wohl für eine Jubiläumsschrift der Wiener Werkstätte gedachte Zeichnung eines Hochhauses mit teils begrünten Flachdächern (E. Sekler, wie Anm. 91, Werkverzeichnis S. 412 f.)

96 O. A., Dachgärten am Neuen Wiener Allgemeinen Krankenhaus, in: Illustrierte Flora, 31. Jg., 1907, S. 165 (Notiz); R. Stifter, wie Anm. 4, Foto S. 118.

97 O. Urbantschitsch (Red.), Wiener Cottage-Sanatorium, Wien, o. J. (um 1910), S. 68: Bild II: von Erwin Pendl gezeichnete Ansicht des Herren-Sonnenbades, Text S. 73; H. Brunnbauer, Im Cottage von Währing/Döbling. Interessante Häuser – interessante Menschen II, Gösing 2006, S. 73 ff.; die Bauaufgabe Terrasse wird zunehmend speziell für Kranken- und Kuranstalten sowie im Wohnhausbau wichtig, z.B.: D. Sarason, Das Freilufthaus. Ein neues Bausystem für Krankenanstalten und Wohngebäude, Berlin 1913; Rezension von J. Stübben in: Zentralblatt der Bauverwaltung, Ministerium der öffentlichen Arbeiten (Hg.), Berlin 1924, 34. Jg., S. 92. Ein Beispiel für eine zu Sonnenbädern verwendete Dachgestaltung blieb am Dependance-Gebäude der Kuranstalt in Bad Pirawarth (Niederösterreich) erhalten:

Im frühen 20. Jahrhundert angelegt, begrenzt eine zinnenartig gestaltete Brüstung die mit hölzernen Stegen versehene Plattform (A. Frank, Bad Pirawarth, Bad Pirawarth 1996, S. 309).

98 O. A., Wiener Architekten. Zivilarchitekt Hubert Gessner, Wien, Wien–Leipzig 1932, S. 2; M. Kristan, Hubert Gessner, Wien 2011, S. 108 ff., bes. S. 111 (Fotoaufnahme aus dem Jahr 1991, Abb. 82, S. 117)

99 Zum Zacherlhaus zuletzt: N. Zacherl, P. Zacherl u. U. Zacherl (Hg.), Josef Plečnik. Zacherlhaus. The Zacherl House by Jože Plečnik. Geschichte und Architektur eines Wiener Stadthauses, Basel 2016, bes. S. 120, S. 230, S. 238 u. S. 270, die Dachterrasse wurde 2015 renoviert; zum Haus Weidmann: D. Prelovsek, Josef Plečnik. Wiener Arbeiten von 1896 bis 1914, Wien 1979, S. 70 ff., S. 74 (Abbildungen 67–69), Kat. 26, S. 184; F. Achleitner, wie Anm. 73, Bd. III/2, S. 43.

100 D. Prelovsek, wie Anm. 99, S. 108 ff., Kat. 45, S. 187.

101 M. Pozzetto, Max Fabiani. Ein Architekt der Monarchie, Wien 1983, S. 131 ff.; M. Pozzetto (Hg.), Max Fabiani. Nuove frontiere dell'architettura, Ausstellungskatalog, Triest, Scuderie di Miramar, Venedig 1988, S. 164 ff.; F. Achleitner, wie Anm. 73, Bd. III/1, S. 34 f.; Fabiani setzte schon früher Flachdächer ein, z.B. Büro- und Geschäftshaus der Möbelfirma Portois und Fix, 3. Bezirk, Ungargasse 59–61, 1899–1900 (Holzzementdächer): Flugaufnahme des mittlerweile reduzierten Komplexes, veröffentlicht in: Gemeinde Wien (Hg.), Das neue Wien. Städtewerk, 4 Bde., 2. Bd., Wien 1927, S. 733; F. Achleitner, wie Anm. 73, Wien, 1. Bd., S. 132; P. Haiko, Das Haus Portois und Fix, in: M. Wenzl-Bachmayer (Hg)., Pariser Esprit und Wiener Moderne. Die Firma Portois und Fix, Wien 2008, S. 29 ff., zuletzt: O. Kapfinger u. A. Stiller (Hg.), Fundamente der Demokratie. Architektur in Österreich – neu gesehen. Bildung, Soziales, Kultur, Ausstellungskatalog, Architektur im Ringturm, Wien 2018, S. 38 ff.

102 O. A., Werbeprospekt der Eugenie Schwarzwald'schen Schulanstalten, Wien 1915, S. 64; O. A., Die Schwarzwaldschen Schulanstalten, o. O., o. J. (Wien, vor 1918), o. S. (zum Dachgarten); A. Herdan-Zuckmayer, Genies sind im Lehrplan nicht vorgesehen, Frankfurt/Main 1979, Taschenbuchausgabe Frankfurt/Main 1988, S. 29; R. Göllner, Mädchenbildung um 1900. Eugenie Schwarzwald und ihre Schulen, phil. Diss. Univ. Wien 1986, S. 77 ff. u. S. 107; R. Streibel (Hg.), Eugenie Schwarzwald und ihr Kreis, Wien 1996, Fotos S. 114, S. 118 f., S. 124 f., S. 164 f. u. S. 167; R. Göllner, Kein Puppenheim: Genia Schwarzwald und die Emanzipation, Frankfurt/Main–Wien etc. 1999, S. 85 u. S. 165; D. Holmes, Langeweile ist Gift. Das Leben der Euge-

nie Schwarzwald, Wien–Salzburg–St. Pölten 2012, S. 176 ff.; A. Pfoser u. A. Weigl (Hg.), Im Epizentrum des Zusammenbruchs. Wien im Ersten Weltkrieg, Wien 2013, S. 83; Loos mit seinen Schülern auf dem Dach der Schwarzwaldschule, um 1920/1921, in: B. Rukschcio u. R. Schachel, wie Anm. 62, Abb. 245 (S. 251). Loos unterrichtete seine Schüler sowohl in seiner Baukanzlei als auch in den Räumen der Schwarzwaldschule; A. Loos, Meine Bauschule, in: Der Architekt, Jg. 1913, 10.10.1913 und in: A. Loos, Trotzdem, Wien 1931, wieder abgedruckt in: A. Loos, A. Opel (Hg.), wie Anm. 61, S. 449 ff., dazu S. 451; zuletzt: O. Kapfinger u. A. Stiller (Hg.), wie Anm. 101, S. 120 ff.

103 M.-T. Arnbom, Friedmann, Gutmann, Lieben, Mandl und Strakosch. Fünf Familienporträts aus Wien vor 1938, Wien–Köln–Weimar 2002, S. 200 (Text und Foto); M.-T. Arnbohm, Man will wohnen an der Ringstraße. Die Häuser der Familie Lieben, in: E. Fuks u. G. Kohlbauer (Hg.), Die Lieben. 150 Jahre Geschichte einer Wiener Familie, Ausstellungskatalog Wien, Jüdisches Museum 2004–2005, Wien–Köln–Weimar 2004, S. 54 ff., bes. S. 56 u. S. 130.

104 O. A., Wo der „Steffel" heute steht. Der schiefe Turm – Die Schrebergärten auf den Dächern – Sommerfrischenersatz – Die „Pummerin", in: Neues Wiener Tagblatt, Nr. 216, 7.8.1920, S. 7, (Kenntnis dieses Artikels aus: W. Posch, Vom Wiener Hausgarten zum Dachgarten am Beispiel der Familien Engelhart und Fridinger, in: Bauforum, 15. Jg., 1982, 91. Heft, S. 9 ff., dazu S. 10 f.)

105 P. Haage, Der Partylöwe, der nur Bücher fraß. Egon Friedell und sein Kreis, München 1971, Zitat S. 12.

106 E. Schüller, De Spectationibus. Zur Entstehungsgeschichte der Erzählung „Die erleuchteten Fenster", in: X. Schaffgotsch (Hg.), Erinnerungen an Heimito von Doderer, München 1972, S. 151 ff.; A. Preisinger u. S. Winterstein, „Die erleuchteten Fenster" – ein „Wiener Roman"? Über Raum und Ort in Doderers Zihaliade, in: S. Winterstein (Hg.), „Er las nur dieses eine Buch". Studien zu Heimito von Doderers „Die erleuchteten Fenster", Wien 2009, S. 189 ff., bes. S. 203; zur Wohnung: A. Kleinlercher, Wien VIII, Buchfeldgasse 6/13. Zur Frage einer Arisierung durch Heimito von Doderer, in: G. Sommer u. R. Walter (Hg.), Doderer, das Kriminelle und der literarische Kriminalroman, Würzburg 2011, S. 592 ff.

107 Wie Anm. 2.

108 P. Behrens, Terrassen am Hause, in: Deutscher Werkbund (Hg.), Die Bauten der Weissenhofsiedlung in Stuttgart, errichtet 1927 nach Vorschlägen des Deutschen Werkbundes (…), in: Bau und Wohnung,

Jg. 1927, S. 16 ff.; P. J. Kremers (Hg.), Peter Behrens. Sein Werk von 1909 bis zur Gegenwart, Essen 1928, S. 24 ff., S. 31 und Abb. S. 126 f.; Behrens plante bereits 1906 für das Verwaltungsgebäude der Maschinenfabrik AEG in Berlin einen für die Gäste der Firma zugänglichen Dachgarten, den er 1910 umgestaltete. Das Gebäude wurde im Zweiten Weltkrieg zerstört; in: J. Ahrendt, wie Anm. 4, 2. Teil, S. 153 f.

109 F. Achleitner, wie Anm. 73, Bd. III/1, S. 149 f.; E. Blau, wie Anm. 78, S. 370 ff.

110 S. Giedion, Befreites Wohnen, Zürich–Leipzig 1929, Abb. 3, Abb. 60–74, Abb. 82 u. a.

111 H. Hoffmann (zusammengestellt), Zeitschrift „Moderne Bauformen" (Hg.), Neue Villen. 124 große und kleine Einfamilienhäuser (…) nebst einem Gartenanhang, Zitat S. VII, Abbildungen bes. S. 111; zum modernen Bauen: A. K. Vetter, wie Anm. 89.

112 C. Kruse, Garten, Natur und Landschaftsprospekt. Zur ästhetischen Inszenierung des Außenraums in den Landhausanlagen Mies van der Rohes, Diss. FU Berlin 1994, 2 Bde., 1. Bd., S. 72 ff., S. 118 f., S. 186 ff. u. S. 191 ff.; A. Stiller (Hg.), Das Haus Tugendhat. Ludwig Mies van der Rohe, Brünn 1930, Ausstellungskatalog Wien, Ringturm 1999; Institut für Baugestaltung II, Universität Karlsruhe, Villa Tugendhat Brno, Ausstellungskatalog Karlsruhe, Berlin 2007; zuletzt: D. Hammer-Tugendhat, I. Hammer u. W. Tegethoff, Haus Tugendhat. Ludwig Mies van der Rohe, Basel 2015, bes. S. 22, S. 30 f. (Fotos), S. 102, S. 107 (Grundriss des Obergeschoßes), S. 108, S. 122 ff. (Fotos), S. 125 ff., S. 152, S. 214 f.; A. Kirchengast, Das unvollständige Haus. Mies van der Rohe und die Landschaft, Basel 2019 (Diss. ETH Zürich 2017), S. 209 ff., S. 238 f.

113 C. Kruse, wie Anm. 112, 1. Bd., S. 93 ff., S. 172; R. Cavalcanti Braun, Mies van der Rohe als Gartenarchitekt. Über die Beziehungen des Außenraums zur Architektur, Berlin 2006, S. 76 ff.

114 R. Cavalcanti Braun, wie Anm. 113, S. 118 f., S. 127 ff.

115 R. Cavalcanti Braun, wie Anm. 113, S. 136 ff.

116 J. Frank, Dach und Dekoration, in: Die neue Wirtschaft, 2. Jg., 4.1.1924, S. 11 f. [Zitate S. 11, S. 12 abgedruckt in: Josef Frank, Schriften in zwei Bänden, T. Bojankin, C. Long u. I. Meder (Hg.), Wien 2012, 1. Bd., S. 202 ff.], weitere Schriften von Frank dazu siehe Anm. 117–120 und: J. Frank, Die Wiener Siedlung, in: Der Neubau, 6. Jg., 1924, 3. Heft, S. 25 ff. (abgedruckt in: J. Frank, Schriften, 2012, 1. Bd., S. 210 ff., zum Flachdach S. 220); J. Frank, Was ist modern, in: Die Form, 5. Jg., 1930, 15. Heft, S. 387 ff., S. 399 ff. (Vortrag anl. der

Tagung des Deutschen Werkbundes in Wien, 1930), auch in: J. Frank, Architektur als Symbol. Elemente deutschen neuen Bauens, Wien 1931, S. 133 ff. (abgedruckt in: J. Frank, Schriften, 2012, 1. Bd., S. 404 ff.); J. Frank, Das U-Boot, der Lehmpatzen und das flache Dach, in: J. Frank, Architektur als Symbol. Elemente deutschen neuen Bauens, Wien 1931, S. 61 ff. (Reprint Wien 1981 und abgedruckt in: J. Frank, Schriften, 2012, 2. Bd., S. 9 ff., bes. S. 68 ff.); J. Frank, Die Werkbundsiedlung, in: Wiener Allgemeine Zeitung, 21.6.1932, S. 4 (Gespräch mit Johannes Ilg, auch abgedruckt in: J. Frank, Schriften, 2012, 2. Bd., S. 246 ff., bes. S. 248); J. Frank, International Housing Exposition Vienna, Austria, in: The Architectural Forum, 57. Bd., 1932, S. 325 ff. (abgedruckt in: J. Frank, Schriften, 2012, 2. Bd., S. 266 ff., bes. S. 270); J. Frank, Accidentism, in: Form, 54. Jg. (Stockholm), 1958, S. 160 ff. (abgedruckt in: J. Frank, Schriften, 2012, 2. Bd., S. 372 ff., bes. S. 382)

117 J. Frank, Die Bedeutung der Stuttgarter Weißenhofsiedlung für die Stadtbaukunst, in: Die Baupolitik, 2. Jg., 1927/1928, S. 61 ff. (abgedruckt in: J. Frank, Schriften, 2012, 1. Bd., S. 300 ff., zum Flachdach S. 300 ff.)

118 J. Frank, wie Anm. 117, Zitat S. 304.

119 J. Frank, Das flache Dach, in: Vom neuen Stil. Ein Interview von Josef Frank, in: Innen-Dekoration, 39. Jg., 1927, 2. Heft, S. 103 und in: Die Baukunst, 3. Jg., 1927, 8. Heft, S. 234 ff. (abgedruckt in: J. Frank, Schriften, 2012, 1. Bd., S. 318, bes. S. 332 f.)

120 J. Frank, Das steile Dach ist ein Rest aus dem romantischen Zeitalter, in: Das neue Frankfurt, 1. Jg., 1927, 7. Heft (Sondernummer: Das flache Dach), S. 197 ff. (abgedruckt in: J. Frank, Schriften, 2012, 1. Bd., S. 336 ff.)

121 F. Achleitner, wie Anm. 73, Bd. III/2, S. 65 f. (Zitat S. 65); E. Berger, wie Anm. 85, 3. Bd., S. 307 (dort weitere Literaturangaben)

122 J. Frank, Das Haus als Weg und Platz, in: Der Baumeister, 29. Jg., 1931, S. 316 ff., Zitat S. 316 (abgedruckt in: J. Frank, Schriften, 2012, 2. Bd., S. 198 ff.)

123 J. Frank, wie Anm. 122, Grundriss S. 322.

124 M. Eisler, Ein Wohnhaus von Josef Frank und Oskar Wlach, Wien, in: Moderne Bauformen, 31. Jg., 1932, S. 88 ff., Zitat S. 88.

125 J. Frank, wie Anm. 116 (Beiträge aus dem Jahr 1932); F. Achleitner, wie Anm. 73, Bd. III/3, S. 60 ff.

126 J. Frank, wie Anm. 116, Beitrag in: Wiener Allgemeine Zeitung, 21.6.1932 (abgedruckt in: J. Frank, Schriften, 2012, 2. Bd., S. 246 ff., bes. S. 248)

127 J. Frank, wie Anm. 126, Zitat S. 270.

128 J. Frank, wie Anm. 126, Zitat S. 270; zur bautechnischen Ausführung der Dächer: R. Bauer, Die Bauausführung der Werkbundsiedlung, in: Josef Frank (Hg.), Die Internationale Werkbundsiedlung Wien 1932, Wien 1932, S. 12; zur Werkbundsiedlung zuletzt: A. Nierhaus u. E.-M. Orosz (Hg.), Werkbundsiedlung Wien 1932. Ein Manifest des neuen Wohnens, Ausstellungskatalog Wien Museum 2012–2013, Wien 2012.

129 M. Fellerer, Das flache Dach, in: Haus – Heim – Garten. Rund um die größte Bauausstellung Europas, Sonderbeilage in: Wiener Allgemeine Zeitung, 29.7.1932, S. 11 f.

130 F. Wallisch, Eine Gartenstadt … Die Wiener Werkbundsiedlung, in: Mein Garten, 2. Jg., 1932, 7. Heft, S. 126: „Er (André Lurcat) konstruiert auch malerische überdeckte Plätze, die unmittelbar in den Garten übergehen, sowie einen wundervollen Dachgarten mit Steinbänken und praktische Betoneinfassungen für die auf dem Dach zu ziehenden Alpinumpflanzen, Stauden und Koniferen."

131 Zu den Wiederherstellungsmaßnahmen an Dächern und Geländern: A. Krischanitz u. O. Kapfinger, Die Wiener Werkbundsiedlung. Dokumentation einer Erneuerung, Wien 1985, S. 51, S. 55 f.; zu den Erneuerungsmaßnahmen an einzelnen Objekten siehe im Buch unter den Adressen der Objekte in der Bautendokumentation, S. 59 ff.

132 Dazu ausführlich: I. Meder, Offene Welten. Die Wiener Schule im Einfamilienhausbau 1910–1938, phil. Diss. Univ. Stuttgart 2004.

133 J. Turnovsky, Die Poetik eines Mauervorsprungs, Diss. Techn. Univ. Wien 1985, S. 6 ff. (Einreichpläne); F. Achleitner, wie Anm. 73, Bd. III/1, S. 139 f.

134 L. W. Rochowanski, Wohnhaus Stefan von Auspitz – Wien, in: Deutsche Kunst und Dekoration, 67. Bd. (Bd. 34,1. Teil-Bd., Okt. 1930–März 1931), S. 51 ff. (reich ill.); N. Mayr, Architekt Helmut von Wagner-Freynsheim. Die Bauten und Projekte für Kitzbühel (1932–1946) und eine kurze Betrachtung der Tiroler Heimatschutzbewegung, Dipl.-Arb. Univ. Salzburg 1988, S. 33 f.; I. Meder, wie Anm. 132, S. 299 ff.; F. Achleitner, wie Anm. 73, Bd. III/3, S. 103.

135 L. W. Rochowanski, wie Anm. 134, Zitate S. 51 ff.

136 M. Eisler, Neue Bauten und Innenräume von Josef Frank, Oskar Wlach („Haus und Garten") – Arnold Karplus, Wohnhaus auf der Hohen Warte, in: Moderne Bauformen, 29. Jg., 1930, S. 429 ff., bes. S. 430 ff. (reich ill.); O. A., Wiener Architekten. Arnold Karplus, Gerhard Karplus. Eine Auswahl von Entwürfen und ausgeführten Bauten, Wien–Leipzig 1935, S. 21 ff.; E. Berger, wie Anm. 85, 3. Bd.: Wien,

S. 432; I. Meder, wie Anm. 132, S. 239 u. S. 316 ff; F. Achleitner, wie Anm. 73, Bd. III/3, S. 68.

137 K. M. Grimme, Gärten von Albert Esch, Wien–Leipzig 1931, S. 39 (Bezeichnung „Blumenterrassen“, S. 39); E. Berger, wie Anm. 85, 3. Bd.: Wien, S. 400; F. Achleitner, wie Anm. 73, Bd. III/2, S. 230.

138 M. Eisler, Karl Hofmann und Felix Augenfeld: Haus in Döbling bei Wien, in: Moderne Bauformen, 30. Jg., 1930, S. 506 ff., Zitat S. 506.

139 K. M. Grimme, Gelände und Haus. Zu dem neuesten Bau der Architekten Ing. Karl Hofmann und Ing. Felix Augenfeld, in: Deutsche Kunst und Dekoration, 69. Bd. (35. Bd., 1. Teil-Bd., Okt. 1931–März 1932), S. 120 f., Zitat S. 121.

140 F. Achleitner, wie Anm. 73, Bd. III/2, S. 196.

141 G. Urban, Haus in einer Stromlandschaft, in: Innen-Dekoration, 47. Jg., 1936, S. 350 ff., Zitat S. 350 (teilweise zit. in: S. Pisarek, Walter Loos, Fridl Loos, Hermann Loos – paraíso argentino, Wien 2006, S. 28)

142 M. Eisler, Der Wiener Architekt Walter Loos, in: Moderne Bauformen, 32. Jg., 1933, S. 84 ff., Zitat S. 84.

143 H. von Bohn, In Schönheit wohnen. Gedanken zum Werk des Architekten Walter Loos, in: Der getreue Eckart. Monatsschrift für das deutsche Haus, 15. Jg., 1. Bd., Okt. 1937–März 1938, S. 107 ff., Foto S. 107.

144 E. Hofmann, Der Architekt Walter Loos, in: Österreichische Kunst, 5. Jg., 1934, 4. Heft, S. 10 f.; als Titelbild dieses Heftes dient ein Foto der Dachterrasse des Hauses Luser; E. Berger, wie Anm. 85, 1. Bd.: Niederösterreich, Burgenland, S. 328 f.; S. Pisarek, wie Anm. 141, S. 9, S. 12 u. S. 28 ff.; zum Bauherrn Adolf Luser: E. Berger, „… Gärten zu schaffen, die Schönheit und Nutzen vereinen …“, Albert Esch (1883–1954), in: Die Gartenkunst, 17. Jg., 2005, 1. Heft, S. 22 ff., bes. S. 63 f.; Beiträge in der Zeitschrift „Der getreue Eckart“ und in der von A. Luser herausgegebenen Tageszeitung „Adler“; I. Meder, wie Anm. 132, S. 470 ff.

145 O. A., Fritz Reichl. Eine Auswahl von ausgeführten Arbeiten und Entwürfen, Wien–Leipzig 1932, S. 24 f.; I. Meder, wie Anm. 132, S. 335 f.

146 G. Schrom, S. Trauttmansdorff (Red.), Franz Singer, Friedl Dicker, Ausstellungskatalog, Hochschule für angewandte Kunst Wien 1988–1989, Wien 1988, S. 84 ff.; I. Meder, wie Anm. 132, S. 336 f.

147 E. Schwadron, Haus am Strand (Greifenstein), in: Bauwelt, 19. Jg., 1928, 49. Heft, Beilage, S. 7 f.; O. A., o. T., 2 Fotos, in: Deutsche Kunst und Dekoration, 63. Bd., Jg. 1928/1929, S. 220 f.; O. A., Haus

in Greifenstein, Ernst Schwadron, in: Österreichische Bau- und Werkkunst, Jg. 1928/1929, 5. Heft, S. 39 ff.; J. G. Wattjes (Hg.), Moderne villa's en landhuizen in Europa en America, Amsterdam 1930, Abbildungen 94–97 (ohne Text); I. Meder, wie Anm. 132, S. 342 f.; M. Winterling, Ernst Schwadron 1896–1971 (sic!). Ein Vergessener der Wiener Moderne, Dipl.-Arb. Univ. Wien 2002, S. 15; zum Abbruch: Wohnkultur 66, Vergessene Architekten des Österreichischen Werkbundes, Hamburg 2014, o. S.; abrufbar in Englisch: https://www.wohnkultur66.de/download/WOHNKULTUR66-FORGOTTEN-ARCHITECTS.pdf (19.10.2020)

148 B. F. Dolbin, Das Familien-Einküchenhaus, in: Allgemeine Bau-Zeitung, Jg. 1924, 8. Nr., 5.6.1924, S. 6 f.: „Ein Dachgarten (welche Notwendigkeit für jedes kinderreiche Großstadthaus!) gewährt Luft, Licht und Sonne." (Zitat S. 6); Gemeinde Wien (Hg.), Das neue Wien. Städtewerk, 3. Bd., Wien 1927, S. 90 ff.; H. Kendler, Die Sozialisierung des Haushalts: Von Fouriers Plänen bis zum Wiener „Heimhof", Dipl.-Arbeit Univ. Wien 1990, S. 105 ff.; H. Kendler, Wohnexperiment Einküchenhaus „Heimhof", masch.geschr. Abschlussbericht des Wissenschafts-Stipendiums der Stadt Wien, Wien 1991; F. Achleitner, wie Anm. 73, Bd. III/2, S. 139; Wiener Bodenbereitstellungs- und Stadterneuerungsfonds (Hg.), W. Förster (Verf.), Blocksanierung in Wien, Wien o. J. (1995), S. 27 ff.; M. Griebl, Bezirksmuseum Rudolfsheim-Fünfhaus, in: Wiener Geschichtsblätter, Jg. 2006, 4. Beiheft, S. 29 f.

149 Gemeinde Wien (Hg.), wie Anm. 148, S. 55.

150 F. A. Pollak, Das Hochhaus in der Herrengasse, in: Österreichische Bauzeitung, 7. Jg., 1931, 34. Heft, S. 479 ff.; F. A. Pollak, Das erste Hochhaus, in: Österreichische Bauzeitung, 8. Jg., 1932, 45. Heft, S. 571 ff.; T. F. Meisels, Bummel durch Alt-Wien, Wien–Amsterdam–Leipzig 1936, S. 113 ff.: „Blick vom Hochhaus" als Beschreibung der Aussicht auf die Altstadt; F. Achleitner, wie Anm. 73, Bd. III/1, S. 43; C. Neuerer, wie Anm. 69, S. 12 ff. u. S. 42 ff.; Wien Museum (Hg.), Wiens erstes Hochhaus. Eine Stadterregung, Ausstellungskatalog, Wien Hochhaus, Wien o. J. (2006); I. Meder u. J. Eiblmayr (mit einem Beitrag von I. Podbrecky), Haus hoch. Das Haus Herrengasse und seine berühmten Bewohner, Wien 2013, 2. erweit. Aufl. (2009, 1. Aufl.), bes. S. 76 ff.: Die Architektur.

151 J. Frank, Das Profil der Herrengasse, in: Wiener Allgemeine Zeitung, 20.2.1931, S. 4 (abgedruckt in: J. Frank, Schriften, 2012, 2. Bd., S. 194 ff.) Auch Max Eisler äußert sich skeptisch über das noch un-

vollendete Hochhaus bez. des Stadtbildschutzes für Wien: M. Eisler, Über den Dächern von Wien. Ein kritischer Blick von oben, in: Der Morgen, Wochenzeitung, Wien, 14.3.1932, S. 7 f.

152 S. Frischauer, Das erste Hochhaus in Wien, in: Wasmuth's Monatshefte für Baukunst, 13. Jg., 1929, S. 495 ff.; zu den Terrassenhochhäusern: C. Neuerer, wie Anm. 69 , bes. S.36 ff.

153 J. Eiblmayr u. I. Meder (Hg.), Moderat modern. Erich Boltenstern und die Baukultur nach 1945, Ausstellungskatalog, Wien Museum 2005, Salzburg 2005, S. 54 ff., S. 196 f. u. S. 227.

154 F. Achleitner, wie Anm. 73, Bd. III/3, S. 115.

155 Zur Schreibweise des Familiennamens: recte Friedinger, er selbst nennt sich in seinen Beiträgen und in Plänen Fridinger; zur Biographie: H. Weihsmann, In Wien erbaut. Lexikon der Wiener Architekten des 20. Jahrhunderts, Wien 2005, S. 107; ausführlich zum Dachgarten von Friedinger: W. Posch, Vom Wiener Hausgarten zum Dachgarten. Am Beispiel der Familien Engelhart und Fridinger, in: Bauforum, 15. Jg., 1982, 91. Heft, S. 9 ff., bes. S. 11 ff., dort auch die Bibliographie zum Dachgarten Fridinger, Anm. 8, S. 14; B. Lötsch, Gärten über den Giebeln, in: Natur. Horst Sterns Umweltmagazin, Jg. 1983, Februarheft, S. 74 ff., bes. S. 79; R. Stifter, wie Anm. 4, S. 157 f. Der Nachlass von E. Friedinger liegt im Wien Museum; ich danke Dr. Andreas Nierhaus für die Bereitstellung der Unterlagen zum Dachgarten [Inv. Nr. HMW 300749/5 bis HMW 300749/44: Federzeichnungen (Grundriss, zwei Schnitte und Perspektiven, 1:200)] und Fotos. Fast alle diese Unterlagen wurden von E. Friedinger in seinen Beiträgen veröffentlicht. Im Nachlass befinden sich keine Pläne oder Fotos von anderen geplanten Dachgärten.

156 G. Hajós, E. Vancsa u. U. Steiner, wie Anm. 55, S. 29 ff., zu Nr. 11: S. 31; F. Achleitner, wie Anm. 73, Bd. III/1, S. 123.

157 Angabe des Jahres 1931 in: E. Fridinger, Mehr Dachgärten der Großstadt! Ein bewährter Versuch, in: Die Kunst, 70. Bd., 35. Jg., 2. Teil: Angewandte Kunst, 1. Heft, 1934, S. 12 ff., dazu S. 13; ebenso in: Die Kunst, Jg. 1933, Beilage Das schöne Heim, 1. Heft, Okt. 1933, S. 12 ff.

158 O. A., Modern Gardens and Terraces, in: Architectural Review, Jg. 1932, Novemberheft, S. 212.

159 Rose Poor Lima, Warum hat Wien so wenig Dachgärten? Gespräch mit dem Architekten Egon Fridinger (sic!), in: Neues Wiener Journal, Nr. 14623, 7.8.1934, S. 6.

160 E. Fridinger, wie Anm. 157, S. 14.

161 E. Fridinger, Atelier und Dachgarten eines Herrn, in: Profil, 1. Jg., 1933, S. 104 f., Zitat S. 105.

162 Amelopsis, eigentlich Scheinrebe, Zaunrebe, hier wohl gemeint: Parthenocissus quinquefolia, auch als Amelopsis quinquefolia bezeichnet, oder Amelopsis Veitchii, Fünfzähligblättriger bzw. Dreispitziger/Dreilappiger Wilder Wein gemeint.

163 Feitchii: Parthenocissus tricuspidata, auch als Amelopsis Veitchii und als Parthenocissus Veitchii bezeichnet, Mauerkatze, Wilder Wein, Dreispitz-Jungfernrebe; auf den Fotos ist nur die Verwendung des Parthenocissus tricuspidata deutlich zu erkennen; E. Fridinger, wie Anm. 157, S. 15: „Ampelopsis (Mauerkatze)".

164 M. Fridinger-Engelhart, Ein Dachgarten in Wien. Fünfzig Jahre Erfahrung mit einem Dachgarten, in: Bauforum, 15. Jg., 1982, 91. Heft, S. 14 f., dazu S. 15.

165 E. Fridinger, wie Anm. 161, S. 105, auch in: E. Fridinger, wie Anm. 157, S. 15.

166 O. A. („Roderich", Vorname nicht angegeben), Dachgartenidylle. Problem der Großstadt, in: Wiener Neueste Nachrichten, 8.10.1936, S. 4.

167 E. Fridinger, Gartenschönheit in luftiger Höhe. Ein Wohngarten auf dem Dach eines Mietwohnhauses, in: Gartenschönheit, 19. Jg., 1938, Februarheft, S. 57 ff., Zitat S. 57 f.

168 E. Fridinger, wie Anm. 167, Zitat S. 60.

169 E. Fridinger, wie Anm. 167, Zitat S. 60; liebevoll textet Friedinger auch die Unterschriften zu seinen Fotos.

170 F. Mayreder (Architekt), Ein Dachgarten, in: Das schöne Heim, Jg. 1932, 4. Heft, S. 134 f. mit zwei Fotos, die die ursprünglichen Brüstungswände zeigen; W. Posch, wie Anm. 155, zitiert aus dem zweiten Beitrag Mayreders zum Dachgarten Friedinger, in: Neues Wiener Tagblatt, 191. Nr., 13.7.1938, S. 19.

171 G. Harbers, Der Wohngarten, München 1937 (2. Aufl.), S. 107 ff.; die ersten Zeilen des Textes von Mayreder, wie Anm. 170, übernommen, ohne den Verfasser zu nennen, Zitat S. 108; dieses Buch von Harbers ist in der Bibliographie von Posch, wie Anm. 155, nicht enthalten.

172 H. Hoffmann (Hg.), Garten und Haus. Die schönsten deutschen und ausländischen Wohngärten und ihre Einbauten, Stuttgart 1939 (1. Aufl.), Zitat S. 59, Stuttgart 1941 (2. Aufl.), S. 59; in der 3. Auflage Stuttgart 1951 ist der Dachgarten Friedinger nicht mehr enthalten.

173 W. Posch, wie Anm. 155, S. 13 f.

174 M. Fridinger-Engelhart, wie Anm. 164, S. 14 f., Zitat S. 14 u. S. 15.

175 R. Stifter, wie Anm. 4, Abbildungen S. 92 f., Text S. 157 f.

176 R. Stifter, Grünes Paradies über den Dächern. Bild-Essay, in: Perspektiven, Jg. 1991, Spezialheft ohne Nr. (Mai), S. 36 ff.

177 W. Posch, wie Anm. 155, S. 13. Telefonische Auskünfte erhielt ich am 19.8.2013 von Dominik Steiger (verstorben 12.1.2014); H. P. Wipplinger (Hg.), Dominik Steiger. Retrospektive, Kunsthalle Krems, Ausstellungskatalog, Krems 2014, S. 288; an Frau Renate Ganser, Wien, vielen Dank für die Ermöglichung der Besichtigung des Dachgartens im November 2014.

178 K. M. Grimme, Kritischer Führer durch die Werkbundsiedlung in Wien, in: Der getreue Eckart, 9. Jg., 1931/1932, 2. Bd., Beilage: Das neue Heim, S. 65 ff.; K. M. Grimme, Das Eigenheim. Sein Bau und Anlage, Leipzig–Wien o. J. (1933)

179 F. Mayreder, Dachgärten, in: Neues Wiener Tagblatt, 191. Nr., 13.7.1938, S. 19.

180 J. Frank, wie Anm. 120, S. 194 ff.; dazu: M. Engelhardt-Krajanek, Der Werkbundgedanke und seine Verbindung zum Wiener Kreis am Beispiel von Josef Frank, in: V. Thurm-Nemeth (Hg.), Konstruktion zwischen Werkbund und Bauhaus. Wissenschaft – Architektur – Wiener Kreis, Wien 1998, S. 79 ff., bes. S. 100 ff.; zur Siedlung Hoffingergasse: F. Achleitner, wie Anm. 73, Bd. III/1, S. 324; I. Meder, wie Anm. 132, S. 115; E. Blau, wie Anm. 78, S. 189 ff.; zum ab dem späten 19. Jahrhundert geführten Streit siehe in kleiner Auswahl: K. Hahn, Zweckmäßige flache Dachungen, in: Deutsche Bauhütte, Jg. 1914, S. 56 (Rubrik: Kleine technische Mitteilungen); F. Seeßelberg (Hg.), Das flache Dach im Heimatbilde als kulturelles und wirtschaftliches Problem erfaßt, Berlin 1914, bes. S. 61 ff.: Wettbewerb im Jahr 1911 zur Anlage von möglichst „seichten“ Dächern, ohne Berücksichtigung der Anlage von Dachgärten, keine österreichische Beteiligung daran; Auftraggeber: Bau- und Kunstberatungsstelle Wertandi-Berlin; dazu: J. Frecot, Der Wertandibund, in: B. Bergius, J. Frecot u. D. Radicke (Hg.), Architektur, Stadt und Politik, Julius Posener zum 75. Geburtstag, Gießen 1979, S. 37 ff., bes. S. 39; W. Gropius, Das flache Dach: Internationale Umfrage über die technische Durchführbarkeit horizontal abgedeckter Dächer und Balkone, in: Bauwelt, 17. Jg., 1926, S. 162 ff.; P. Schultze-Naumburg, Flaches oder geneigtes Dach? Mit einer Rundfrage an deutsche Architekten und deren Antworten, Berlin 1927; J. Bier, Das flache Dach in unserem Landschaftsbild, in: Der Baumeister, 5. Jg., 1928, 5. Heft, Beiträge S. 95 f.; L. Speneder, Die Kunst in unserer Zeit, Wien 1931, S. 81 ff.: Zum Flach- und Terrassen-

dach (amerikanische Wurzeln und Einfluss, Beispiele); H. Kammerer, Vorwort, in: W. Zink (Hg.), Vom Flachdach zum Dachgarten. Moderne Flachdachtechnik, Stuttgart 1976, S. 6; R. Pommer, The Flat Roof. A Modernist Controversy in Germany, in: Art Journal, 43. Jg., 1983, 2. Nr., S. 158 ff.; G. Kähler, Dach. Landschaft. Roofscapes, in: Daidalos, Jg. 1991, 42. Heft, S. 122 ff.; G. Fehl, Kleinstadt, Steildach, Volksgemeinschaft. Zum „reaktionären Modernismus" in Bau- und Stadtbaukunst, Braunschweig–Wiesbaden 1995, bes. Anm. 9, S. 174; R. Matthu, wie Anm. 89, S. 92 ff.; zur Stuttgarter Werkbundsiedlung: P. Behrens, Terrassen am Hause, in: Deutscher Werkbund (Hg.), Bau und Wohnung. Die Bauten der Weißenhofsiedlung in Stuttgart, Stuttgart 1927, S. 17 ff.; H. Schmidt, Steildach oder Flachdach? Der Streit zwischen Heimatschutz und neuem Bauen um die zeitgemäße Form des Wohnhauses in den 1920er Jahren, in: U. Hassler (Hg.), Heimat, Handwerk und die Utopie des Alltäglichen, München 2016, S. 304 ff.; zu Franz Schuster: A. Senarclens de Grancy u. H. Zettelbauer (Hg.), Architektur. Vergessen: Jüdische Architekten in Graz, Wien–Köln–Weimar 2011, S. 282.

181 O. A. (K. S.), Die „Wüstenroter", in: Wiener Zeit. Blätter für Erkenntnis und Tat, 2. Jg., 1935, 6./8. Nr., S. 24 (Zitat).

182 I. Meder, wie Anm. 132, Textteil S. 528 u. S. 550 f., Bildteil Abb. 880 u. Abb. 881: Adolf und Hans Paar, Haus in der Bierhäuselbergsiedlung, Wien, 13. Bezirk, Freesienweg 2, 1936; N. Mayr, Die Mustersiedlung am Bierhäuselberg. Eine konservative Antwort auf die Werkbundsiedlung, in: A. Nierhaus u. E.-M. Orosz (Hg.), wie Anm. 128, S. 252 ff.

183 M. Schütte-Lihotzky, Warum ich Architektin wurde, Salzburg 2004, S. 139 f.: Sie wohnte ab 1970 bis zu ihrem Tod im Jahr 2000 in einer von ihr innenarchitektonisch gestalteten Dachgeschoßwohnung samt Dachterrasse in Wien, 5. Bezirk, Franzensgasse 16.

184 L. Migge, Die Gartenkultur des 20. Jahrhunderts, Jena 1913, Zitat S. 16.

185 M. Hoffmann, Pflanzenschmuck für Balkone, Facaden, Dach- und Vorgärten im städtischen Straßenbilde, Stuttgart 1912, S. 32.

186 H. Koenig, Innengärten und Dachgärten, in: Der deutsche Gartenarchitekt, Jg. 1927, 2. Heft, S. 13 ff. (Entwürfe aus dem Jahr 1918); unter der Abkürzung „A.E." erschien ein Beitrag, „Eine Stadt der Semiramis" in den Mitteilungen der k. k. Gartenbau-Gesellschaft in Steiermark, 43. Jg., 1917, S. 42 f., in dem die Dachgärten Berlins, die baupolizeilich als stark erweitertes Recht möglich gemacht wurden, behandelt werden. Zu Berliner Dachgärten: V. Wendt, Dachgärten in

Berlin, in: Zentralblatt der Bauverwaltung, Ministerium der öffentlichen Arbeiten (Hg.), Berlin, 35. Jg., 1915, S. 647 f.

187 E. (Eryk) Pepinski, Vom Dachgarten, in: Gartenschönheit, 5. Jg., 1924, S. 54 ff.; Ders., Der Dachgarten, in: Die Gartenkunst, 38. Jg., 1925, S. 107 ff.; Ders., Zur Technik des Dachgartens, in: wie Anm. 189, S. 347; Ders., Schöne Gärten. Ein Gartenbilderbuch, Charlottenburg 1930, Kapitel Dachgärten, S.79 ff.; der in zwei Fotos gezeigte, von Pepinski für Otto Firle, Berlin, Budapester Straße 6 angelegte Dachgarten ist zerstört. Zu Pepinski u. a.: H. Koch, Der Garten. Wege zu seiner Gestaltung, Berlin 1927, S. 271 ff.; J. Wolschke-Bulmahn, wie Anm. 4, S. 274 ff.

188 Sondernummer „Das flache Dach" der Zeitschrift „Das neue Frankfurt. Monatsschrift für die Fragen der Großstadt-Gestaltung, 1. Jg. (1926/1927), 7. Nr., 1927, S. 149 ff.

189 Sondernummer „Der Garten auf kleinstem Raum" der Zeitschrift „Der praktische Ratgeber im Obst- und Gartenbau", Ausgabe A, 43. Jg., 1928, 35. Nr., S. 343 ff.; L. Migge, Der Garten auf dem Dach, S. 343 ff.; E. Pepinski, Zur Technik des Dachgartens, S. 347, verschiedene kleine Beiträge von diversen Verfassern ab S. 348 f.

190 L. Späth (Hg.), Späth-Buch 1720–1930, Berlin 1930, S. 635 ff.; L. Späth, Der Dachgarten, in: Der praktische Ratgeber im Obst- und Gartenbau, 40. Jg., 1925, 29. Nr., S. 241 f.; G. Gunder, Der neue Karstadt-Dachgarten, in: Die Gartenwelt, 33. Jg., 1929, S. 421; L. Späth (Hg.), W. Baedeker (Text), Gärten, Sport- und Spielplätze. Aus dem Arbeitsgebiet der Firma L. Späth, Berlin 1926, S. 48 (hier wird die Bauaufgabe Dachgarten nur kurz genannt); zu den Dachgärten der Firma Späth: J. Schweizer, Gartenbau und Gartenkunst: Die Abteilung für Gartengestaltung der Firma Baumschule Späth, Berlin Baumschulenweg, Dipl.-Arb. Techn. Univ. Berlin 1998, S. 88 f.

191 Brüstlein (Vorname unbekannt), Dachgärten, in: Zentralblatt der Bauverwaltung, Ministerium der öffentlichen Arbeiten (Hg.), Berlin, 35. Jg., 1915, S. 361 ff.; C. Beaumont, A. Gergen u. E. Kluge, Skyscraper, in: Fachgebiet Gebäudelehre und Entwerfen der Universität Kaiserslautern; W. Böhm (Hg.), New York City Architektur, Kaiserslautern 1999, S. 23 ff. u. S. 171 ff. ; H.-B. von Busse u. a. (Hg.), wie Anm. 4, S. 12 f. u. S. 40 f.; M. Bacon, Rockefeller Center: Modernist Paradigma for the Urban Core, in: T. O'Malley u. J. Wolschke-Bulmahn (Hg.), Modernism and Landscape Archietcture, 1890–1940, New Haven–London 2015, S. 279 ff.; zu den Kensington Roof Gardens (London, Kensington High Street 99): C. Ross, Über

den Dächern von London, in: Das Gartenamt, 9. Jg., 1960, 5. Heft, S. 117 f.; N. Schindler, Ein alter Londoner Dachgarten immer noch im Gespräch, in: Das Gartenamt, 36. Jg., 1987, S. 38 ff.; T. Osmundson, wie Anm. 4, S. 126 ff.; G. Mawrey, Anniversary Kensington Roof Gardens, in: Historic Gardens Review, Jg. 2013, 29. Nr., S. 30 f.

192 H. Maasz-Lübeck, Der Garten – Dein Arzt. Fort mit den Gartensorgen, Frankfurt an der Oder 1927, 1. Aufl. (50 S., noch ohne dem Dachgartenkapitel); Frankfurt an der Oder–Berlin 1931, 6.–8. Aufl. (68 S.), S. 62 ff., Zeichnungen S. 62 f.; zu Dachgärten auch: H. Maasz, Noch einmal – oder wieder einmal etwas über den Dachgarten, in: Der praktische Ratgeber im Obst- und Gartenbau, 47. Jg., 1932, 13. Heft, S. 148 f.

193 F. Sales Meyer u. F. Ries, Die Gartenkunst in Wort und Bild, Leipzig 1904, 1. Aufl., neuer Titel: Gartentechnik und Gartenkunst, Leipzig 1911, 2. überarb. Aufl.

194 H. Maasz u. H. König (neu bearb. und hg.), Gartentechnik und Gartenkunst. Ein Hand- und Nachschlagebuch (…), Nordhausen 1931, 3. veränd. Aufl., Zitat S. 521.

195 O. Valentien (Hg.), Zeitgemäße Wohn-Gärten. Eine Sammlung alter und neuer Hausgärten, München 1932, Fotos S. 78–80.

196 N. Guba, Der Dachgarten, in: Gartenzeitung der Österreichischen Gartenbau-Gesellschaft in Wien, 8. Jg., 1932, 12. Heft, S. 173 ff.

197 W. Hartwich u. W. Vietsch, Vom neuen Garten, Leipzig–Wien o. J. (1930) und zweite Ausgabe derselben Autoren mit dem Titel „Wie gestalte ich meinen Garten", Leipzig–Wien o. J. (1930), Zitat S. 82; Texte wohl von Wilhelm Hartwich und Wilhelm Vietsch verfasst, wahrscheinlich war auch Karl Maria Grimme daran beteiligt; der Text zum Dachgarten stammt von W. Vietsch, da er diesen Text mit einigen weiteren Sätzen zur Praxis in der Zeitschrift „Wiener Garten-Börse", Jg. 1933, 8. Nr., S. 5 veröffentlichte. Auch in diesem Beitrag wird, wie in der Veröffentlichung im Jahr 1930, Josef Oskar Wladar als Zeichner der Abbildungen nicht genannt; zur Datierung der Veröffentlichung: E. Berger, Josef Oskar Wladar: „Der Garten ist ein absolutes Bedürfnis unserer Zeit", in: Die Gartenkunst, 13. Jg., 2001, 1. Heft, Anm. 13, S. 104.

198 Wladar wird, wie in Anm. 197 bemerkt, nicht genannt, ebenso nicht in der von K. M. Grimme verfassten Monographie „Gärten von Albert Esch", Wien–Leipzig 1931, dazu: E. Berger, wie Anm. 197, Anm. 10, S. 85 f. u. S. 103 f.

199 E. Berger, „Die neuzeitliche Gartengestaltung faßt den Garten als erweiterte Wohnung auf." Zur Entstehung des modernen Wohngartens in Österreich, in: Die Gartenkunst, 20. Jg., 2008, 1. Heft, S. 47 ff.

200 E. Berger, wie Anm. 197, S. 89 f.

201 N. Guba, Der Dachgarten, in: Nach der Arbeit. Illustrierte Wochenzeitung für Garten und Heim, 3. Jg., 1937, 52. Nr., S. 1045 f.

202 E. Berger, wie Anm. 144, zu Unterlagen und zum Nachlass von Albert Esch: Anm. 2, S. 54, Anm. 50, S. 62 u. Anm. 168, S. 71 f.

203 K. M. Grimme, wie Anm. 198, Beispiele: Architekt Hermann Hagemann, Kleingartenhaus, 1930, S. 26; Ders., Einfamilienhaus, 1930, S. 27; Architekt Ernst Wieser, Haus für Generaldirektor Haas, Brünn, 1930, S. 30 f.; Architekten Karl Hofmann u. Felix Augenfeld, Haus Dos Santos, Wien, 1930, S. 39; Architekt Karl Dirnhuber, Wohnhaus Dirnhuber, Wien, 1928, S. 47; Baumeister Franz Paitl, Wohnhaus Paitl, Wien, 1929, S. 50 f.

204 A. Esch u. A. Eipeldauer, Der zeitgemäße kleine Garten, Wien–Leipzig–Zürich 1929; A. Esch u. A. C. Baumgartner, Der Garten von heute, sein Aufbau und seine Ausgestaltung, Wien–Leipzig 1933.

205 O. A., Offizieller Führer durch die Hygiene-Ausstellung Wien 1925, Wien 1925, S. 437 (Reklame samt Bild)

206 R. Gälzer (Hg.), E. Kohlbacher u. K. Rudischer (Verf.), K. Rudischer u. E. Berger (Red.), Josef Oskar Wladar. Gartenarchitekt, Wien 1990, S. 71 f.; A. Stiller, Oswald Haerdtl. Architekt und Designer 1899–1959. Aus der Sammlung des Architektur Zentrum Wien, AZW Wien, Ausstellungskatalog, Salzburg 2000, S. 130.

207 O. A., Der Wiederaufbau des Heinrichshofes, in: Rathauskorrespondenz, 7.7.1949; J. Fleischer, Zum Abbruch des Heinrichshofes, in: Österreichische Zeitschrift für Kunst und Denkmalpflege, 7. Jg., 1953, 1.–2. Heft, S. 32 f.; Opernring-Hof Bau-und Betriebsgesellschaft m.b.H. (Hg.), R. G. Plaschka (Bearb.), S. Farnik (Gesamtleitung), Der neue Opernringhof, Wien o. J. (1957), S. 13 ff.; O. Schwarz, Hinter den Fassaden der Wiener Ringstraße. Geschichte – Menschen – Geheimnisse, Wien 2007, S. 144 ff.; ECO Business Immobilien AG (Hg.), W. Chramosta (Verf.), Opernring 1–5, Wien 2007.

208 Opernring-Hof Bau- und Betriebsgesellschaft m.b.H. (Hg.), wie Anm. 207, S. 30; A. Stiller, wie Anm. 206, S. 130 ff., Werkverzeichnis Nr. 253, S. 249 f.

209 R. Gälzer (Hg.), E. Kohlbacher u. K. Rudischer (Verf.), wie Anm. 206, S. 71 f.; erhaltene Entwürfe von Wladar: Perspektive, dat. 15.6.1949, Grundriss, dat. 5.6.1955, Vorentwurf Dachgarten Restau-

rant, dat. 1955 (Universität für Bodenkultur Wien, Archiv: Nachlass Wladar)

210 C. Appel, Carl Appel: Architekt zwischen Gestern und Morgen, Wien–Köln–Graz 1988, S. 140 ff.

211 O. A., Das Böhlerhaus in Wien, in: Der Bau, Jg. 1959, 1. Heft, S. 26 ff.; P. Kamm (Hg.), Roland Rainer. Bauten, Schriften und Projekte, Tübingen 1965, S. 55 ff.; Akademie der bildenden Künste Wien (Hg.), R. Rainer, Arbeiten aus 65 Jahren, Wien–Salzburg 1990, S. 60 ff.; F. Achleitner, wie Anm. 73, Bd. III/1, S. 13 f.; Roland Rainer, Erinnerung an die Baugesinnung der 50er Jahre, Text zur Ausstellung „Die Form der Zeit", in: Ausstellungskatalog, GANGART im Böhler-Haus Wien 1999, Wien 1999, 2 Hefte, 1. Heft, S. 14 f. (wieder abgedruckt in: R. Rainer, An den Rand geschrieben. Wohnkultur–Stadtkultur, Wien–Köln–Weimar 2000, S. 37 ff., zum Dachgarten: S. 45); R. Rainer, Das Werk des Architekten 1927–2003, Wien 2003, S. 20 ff.; Umbau 2000–2003 durch das Büro Arch. Manfred Wehdorn, Wien.

212 R. Rainer, Lebensgerechte Außenräume, Zürich 1977, S. 76 ff.

213 R. Rainer, Kriterien der wohnlichen Stadt – Trendwende in Wohnungswesen und Städtebau, Graz 1978, S. 96.

214 R. Rainer, Gärten. Lebensräume, Sinnbilder, Kunstwerke, Graz 1982, S. 37.

215 R. Rainer, wie Anm. 214, S. 35 f.

216 P. Flora, Penthouse, Zeichnungen, Zürich 1977, 1. Aufl., o. S., 1986, 2. Aufl. als Taschenbuch, Zürich 1997, engl.: Penthouse, New York 1978, S. 21; Flora schuf auch einige Radierungen zu diesem Thema.

217 H. Loidl u. H. Leitenberger, Dachgärten. Ein Beitrag zur Verbesserung der Umweltbedingungen in der Großstadt, in: Architektur aktuell, 8. Jg., 1974, 39. Heft, S. 44 ff.; B. Lötsch, Gärten über den Giebeln, in: Natur. Horst Sterns Umweltmagazin, Jg. 1983, Februarheft, S. 74 ff.

218 Pro Austria Nostra Wien [PAN-Wien, (Hg.)], K. Ehlers (Red.), Forschungsvorhaben Dachgärten Wien, 2 Bde., Wien 1986 (PAN-Landesnachrichten Jg. 1986, Heft 1)

219 Das Dach: Dachausbauten, Dachterrassen, Dachgärten, in: Bauforum, Jg. 1985, 111. Heft.

220 R. Gälzer (Hg.), H. Kocian u. B. Mang (Red.), Institut für Landschaftsplanung und Gartenkunst der Technischen Universität Wien, Dachbegrünung. Seminarbericht, Wien 1987, darin: R. Stifter, Erfahrungen über den Dächern Wiens, S. 85 ff. (Bericht zum PAN-Forschungsprojekt)

221 R. Henschker (Hg.), Institut für Hochbau und Industriebau der Universität Innsbruck, Internationales Symposium Dachbegrünung, Innsbruck 1988.

222 R. Stifter, wie Anm. 4.

223 B. Hala, J. Karasz u. J. Kleedorfer (Verf.), A. Prey u. M. Poupa (Mitarb.), Über Höfe und Dächer. Verborgenes Grün in der Stadt. Grünflächenplanung in Eigeninitiative und -verantwortung, Wien 1988 (masch.schriftl. Endbericht F 1038, Bundesministerium für wirtschaftliche Angelegenheiten, Abt. Wohnbauforschung)

224 Spezialheft „Dachgärten", der Zeitschrift „Perspektiven", Jg. 1991 (Mai), darin bes.: M. Auböck, wie Anm. 4, S. 4 ff.; T. Proksch, Mythos Dachgarten. Anmerkungen zum semantischen Differential zwischen Außen- und Freiraum, S. 10 ff.; A. Detzlhofer, Was treibt, was drängt, was zwingt die Menschen auf das Dach – das Dach als Ort der Handlung, S. 16 ff.; C. Loidl-Reisch, Vom „Luxusartikel" zur städtebaulichen Notwendigkeit. Dachbegrünungen – nicht bloß Ausdruck eines vom Zeitgeist neu belebten Naturverständnisses, S. 23 ff.; R. Stifter, wie Anm. 176, S. 36 ff.

225 R. Stifter, Über den Dächern von Wien. Drei neue Beispiele, in: Garten und Landschaft, 105. Jg., 1995, 4. Heft, S. 21 ff.; A. Sarnitz, Über den Dächern von Wien. Studie über Dachbodenausbauten und Dachaufstockungen in Wien. Probleme der städtebaulichen und architektonischen Gestaltung sowie Musterkatalog und Detaillösungen, Studie im Auftrag der Magistratsabt. 19, Wien 1996 (masch.schriftl. Bericht); J. Tabor, E. Bernhard u. B. Feller, Aufstockungen – Unmerkliche Veränderung von Wiens Stadtbild, Forschungsarbeit im Auftrag der Magistratsabt. 19, Wien o. J. [1996 (masch.schriftl. Bericht)]; T. Hastik, Dachgärten: freiraumplanerisch betrachtet, Dipl.-Arb. Univ. für Bodenkultur, Wien 2000; G. Mann, Ein Blick über den Zaun des Nachbarn. Dachbegrünung in Österreich, in: Stadt und Grün, Jg. 2002, 9. Heft, S. 49 ff.; R. Kniefacz, Dachpatisserien. Positionen zum Dachausbau in Wien, in: Perspektiven, Jg. 2003, 2./3. Heft, S. 82 ff.; K. Langer, wie Anm. 3; Stadtentwicklung Wien, Magistratsabt. 18 (Hg.), „Draufsetzen". 19 Dachausbauten realisiert/projektiert (Ausstellung, Wiener Planungswerkstatt), Wien 2004; R. Temel, Dachausbauten in der Stadtlandschaft – Ein Vergleich der Situation in Wien, Berlin, Prag, Budapest und München, Studie im Auftrag der Magistratsabt. 9, Wien 2004 (herausgegeben von der Magistratsabt. 18); Magistratsabt. 22 – Fachtagung: GRÜN beDACHt, in: Rathauskorrespondenz, 18.10.2007 (keine Veröffentlichung vorgesehen);

D. Zimmermann, Duplex Garden, Vienna, in: P. Cols, Roof Gardens. Jardins suspendus. Daktuinen, Antwerpen 2005, S. 62 ff. u. S. 161; M. Uzman, u. H. Eisenberger, Ganz oben. Leben am Dach. Ein visueller Aufstieg zum Gipfel des Wohnens, Wien 2007; B. Litschauer, „green layer" – Welches Potential birgt die Wiener Stadtlandschaft?, Dipl.-Arb. Techn. Univ. Wien 2010, S. 16 ff. u. S. 29 ff.

226 J. Tabor, E. Bernhard u. B. Feller, wie Anm. 225; M. Russo, Der Dachboden – Ein Requiem auf einen Raum des Imaginären, in: dérive, Jg. 2004, 14. Heft, S. 49 f.

227 E. Fraller u. G. Langnas (Hg.), Mignon. Tagebücher und Briefe einer jüdischen Krankenschwester in Wien 1938–1949, Innsbruck–Wien–Bozen 2010, Fotos S. 89, 145, 159, 169, 184, 191, 210 u. 216; E. Fraller u. G. Langnas (Hg.), Tagebücher und Briefe einer jüdischen Krankenschwester in Wien 1938–1949, Innsbruck–Wien 2013 (gekürzte Taschenbuchausgabe), S. 76 f., S. 84, S. 132, Fotos S. 77, 89, 95 u. 107; Näheres in: E. Berger, „Nur für Arier". Das Parkbetretungsverbot für die jüdische Bevölkerung nach dem „Anschluss" Österreichs an das Deutsche Reich im März 1938, in: Wiener Geschichtsblätter, 73. Jg., 2018, 3. Heft, S. 181 ff., bes. S. 219; S. Duizend-Jensen, Geplündert, verbrannt, geräumt, demoliert. Verschwundene Zentren jüdischen Lebens in Wien, Wiener Stadt- und Landesarchiv, Ausstellungskatalog, Wien 2018, S. 21 ff.

228 Wie Anm. 227 (2010), S. 44 und (2013), S. 58; R. Klüger, weiter leben. Eine Jugend, Göttingen 1992, S. 58; „Polizeiverordnung vom 5. August 1938, betreffend das Verbot des Betretens öffentlicher Parkanlagen in Wien durch Juden", in: Amtsblatt des Polizeipräsidiums in Wien, 1. Jg., 8. Nr., 5.8.1938, S. 1.

229 D. Hecht u. a. (Hg.), Topographie der Shoah. Gedächtnisorte des zerstörten jüdischen Wien, Wien 2015, S. 315; E. Berger, wie Anm. 227, S. 219.

230 B. Bogdanovic, Der verdammte Baumeister. Erinnerungen, Wien 1997, S. 10 ff., Zitat S. 17 f.

231 B. Bogdanovic, Die grüne Schachtel. Buch der Träume, Wien 2007, Zitate S. 41 ff.; Träume zu Spaziergängen S. 188 ff.

ABBILDUNGSNACHWEIS

Albertina, Wien: 24
Archiv G. Schrom: 51
Archiv Eva Berger: 4, 7, 8, 9, 10, 11, 12, 14, 15, 18, 22, 28, 31, 33, 35, 38, 44, 46, 47, 48, 50, 52, 53, 55, 60, 61, 63, 64, 67, 68, 69, 70, 71, 74, 77, 78
Archiv Institut für Städtebau, Landschaftsarchitektur und Entwerfen, Forschungsbereich Landschaftsplanung und Gartenkunst, Technische Universität Wien: 30, 62, 75, 76
Astrid Göttche: 80
Astrid Göttche / Baupolizei, Magistratsabteilung MA 37: 45
Bundesmobilienverwaltung, Objektstandort: Möbelmuseum Wien: 17
LArchiv, Archiv Österreichischer Landschaftsarchitektur, Universität für Bodenkultur Wien: 72, 73
MAK: 29
Paul Flora Nachlassgesellschaft: 79
Wikimedia, gemeinfrei: 2, 3, 5, 6, 32
Wien Museum: Abb. 16, 19, 36
Universitätsbibliothek Heidelberg / ML 89 G 56/Tafel 36: 1

VIA APA PICTUREDESK:

Wien Museum / Imagno / picturedesk.com: 13
Vojtikova Marketa / CTK / picturedesk.com: 23
Christian M. Kreuziger / picturedesk.com: 21
ÖNB-Bildarchiv / picturedesk.com: 20, 49
Schütze / akg-images / picturedesk.com: 25
viennaslide / picturedesk.com: Einleitung, 26, 42, 54

Austrian Archives / Imagno / picturedesk.com: 27, 43, 58
Scherl / SZ-Photo / picturedesk.com: 34, 59
Jiri Castka / CTK / picturedesk.com: 37
akg-images / picturedesk.com: 39, 66
Hilscher, Albert / ÖNB-Bildarchiv / picturedesk.com: 40
Hoffmann, Josef / ÖNB-Bildarchiv / picturedesk.com: 41
Votava / Imagno / picturedesk.com: 56
Reiffenstein, Bruno / ÖNB-Bildarchiv / picturedesk.com: 57
Schnellbacher / Ullstein Bild / picturedesk.com: 65

grün plan
LANDSCHAFTS ARCHITEKTEN
KLIMARESILIENTE PLANUNG
Mikroklimasimulation
Bewertung & Szenarien
Planung:
Stadtplatz – Wohnanlage
Sanierung – Neubau
Urban – naturnah
GRÜN WIRKT
Klimaresiliente Planung mit Mikroklimasimulation, Bewertung und Entwicklung optimierter Gestaltungsszenarien.
GRÜNE INFRASTRUKTUR
Grünraumkonzepte – Ausführungsplanungen
Öffentliche Freiräume
Bauwerksbegrünung
BAU- & PFLEGE-MANAGEMENT
Ausschreibungen und Vergabe
Örtliche Bauaufsicht
Pflegekonzepte
Management-pläne
BLAUE INFRASTRUKTUR
Regenwassermanagement
Bewässerungsplanung
Entwässerungs-konzepte
www.gruenplan.at